中学から
使える
詳説日本史
ガイドブック
上

nojima hiroyuki
野島博之

山川出版社

はじめに

　『中学から使える　詳説日本史ガイドブック』は，無駄なく日本史の実力を身につけてもらうと同時に，学習の過程でアタマの鍛錬が自然に図れるようにすることを基本的なコンセプトにしています。

　そのために，難関大入試の現実を常に念頭におきながら，高校用日本史教科書の記述を思い切って掘り下げた解説を必要に応じて加えました。さらに，思考力・論理力を鍛えるタイプの論述問題を上下巻合計で20題掲載してあります。

　本書との格闘は，正確な知識や理解が求められる，やや高度な問題，具体的には文章選択問題や論述問題などに大きな効果を発揮するはずです。

　いうまでもなく，皆さんはとても面白くて，だからこそ怖い社会を生きていくことになります。

　それぞれがたとえ少しずつであっても，この地球という船の中で活躍できる場や果たすべき役割を見つけていってほしい——，『中学から使える　詳説日本史ガイドブック』には，そうした模索に欠かせない"光"があちこちにちりばめられています。

2016年7月

野島博之

もくじ

第1章 原始・古代

1 文化の始まり
1 更新世と日本 2
2 旧石器時代 3
3 縄文文化の成立 3
4 食料獲得経済 4
5 定住化の進行と縄文社会 4
発展 三内丸山遺跡 5

2 農耕社会の成立
1 弥生文化の成立 6
2 弥生人の生活 7
発展 島根県の遺跡 7
3 邪馬台国への道 8
発展 中国の歴史書の記述 8
論述問題研究❶……弥生時代のある集落の歴史 9

3 古墳とヤマト政権
1 ヤマト政権の成立と東アジア情勢 11
2 倭の五王 12
発展 倭王の遣使 12
3 氏姓制度 12
4 ヤマト政権による土地支配 13
5 ヤマト政権の動向 13
発展 渡来人文化 14
6 古墳文化（3世紀中頃～7世紀）14

4 飛鳥の朝廷
1 隋の成立と蘇我氏の台頭 17
2 推古朝の内政 17
3 遣隋使の派遣 17
発展 遣隋使がみせた姿勢 18
4 飛鳥文化（6世紀末～7世紀前半，推古朝前後）18

5 律令国家への道
1 唐帝国の成立と大化改新 20
発展 郡評論争 20
2 白村江の戦い 21
3 壬申の乱 21
発展 富本銭 22
4 天武・持統朝 22
発展 本格的宮都形成への道 23
5 白鳳文化 24
6 法の完成 24
発展 養老令の注釈書 25
7 貴族の特権 25
8 行政機構 25
9 支配の原則 26
10 律令制下の農民負担 26
発展 律令制下の租税・労役 27
論述問題研究❷……7世紀後半の戸籍作成と律令国家の軍事体制 28

6 平城京の時代
1 遣唐使の派遣と新羅・渤海 29
まとめ 遣唐使船一覧 29
2 平城京の造営 30
3 支配領域の拡大 31
4 奈良時代の政争 32
5 新しい土地政策 33
6 初期荘園の形成と衰退 34

7 天平文化（8世紀，聖武朝前後）
1 天平文化の特徴 35
2 史書 35
3 文学と教育 35
4 仏教 36
5 美術 36

8 平安朝廷の形成

1 桓武天皇の課題 38
発展　都市空間の変質 39
2 律令制の変容 39
3 社会の変化と直営田方式 40
論述問題研究❸……律令制下の軍事制度 41

9 弘仁・貞観文化
（9世紀，桓武～嵯峨朝前後）

1 唐風文化 42
2 密教の登場 42
3 神仏習合 43
4 密教美術 43

10 貴族政治の展開

1 藤原北家の台頭 45
2 国際関係の変化 45
3 宮廷貴族社会の成立 46
4 摂関政治 47

11 国風文化
（10世紀～11世紀，摂関政治前後）

1 国風文化の特徴 49
2 浄土教の隆盛 50
3 神仏習合の進展 50

12 荘園公領制の成立

1 地方支配の大転換 52
2 国司の任国支配 52
発展　受領と目代 53
3 田堵の動向 53
4 寄進地系荘園 54
発展　荘園制下の収取の特徴 54

13 武士の成長

1 武士団の形成 56
2 天慶の乱（939～41年）56
3 東国での源氏の成長 57
論述問題研究❹……摂関期における中下級貴族 58

第2章 中世

1 院政と平氏政権
1 後三条天皇の登場と延久の荘園整理令 60
2 荘園公領制の特徴 60
3 院政 61
4 院政期の社会 62
5 京都を舞台とする内乱 62
6 平氏政権 63
7 院政期の文化(11世紀後半〜12世紀) 64

2 鎌倉幕府の成立
1 治承・寿永の乱 66
2 鎌倉幕府の中央機関 67
3 守護と地頭 67
4 鎌倉幕府の性格 68
発展 公武二元支配 69

3 承久の乱と執権政治
1 執権の地位の確立 70
2 承久の乱 70
3 執権政治 72
発展 御成敗式目の生命力 72
発展 御成敗式目の重要条文 73
4 執権政治から得宗専制へ 74
発展 鎌倉時代の裁判 74
発展 藤原将軍から皇族将軍へ 75
5 武士の武芸訓練と地頭の成長 75
論述問題研究❺……鎌倉時代の法と裁判 77

4 蒙古襲来と幕府の衰退
1 東アジア情勢の変化と蒙古襲来 78
2 得宗専制政治 79
3 琉球とアイヌ 79
4 御家人社会の危機 80
5 鎌倉時代の農業 81
6 鎌倉時代の商業 81

5 鎌倉文化(12世紀後半〜14世紀初頭)
1 鎌倉新仏教 83
発展 悪人正機説 84
発展 法華経 84
2 文学と学問 84
3 芸術 85
論述問題研究❻……「地頭の代官」と念仏系の諸宗派 86

6 建武の新政と室町幕府
1 鎌倉幕府の滅亡 88
2 建武の新政 89
3 南北朝の動乱 89
4 守護大名と国人一揆 90
5 室町幕府の財政基盤 92
発展 足利義満の権力 92

7 東アジア世界との交流
1 全体的特徴 94
まとめ 前期倭寇と後期倭寇 94
2 日明貿易 95
発展 日明貿易の開始(義満の国書)と経過 95
3 日朝貿易の特徴 96
4 琉球王国と中継貿易 97

8 下剋上の世へ
1 永享の乱 99
2 嘉吉の変 99
3 惣村の形成と土一揆 99
発展 一揆のもつ平等性 100
発展 分一銭 101

4 応仁の乱と国一揆 101
5 室町時代の産業 102

9……室町文化

1 南北朝文化(14世紀) 104
2 北山文化(14世紀末〜15世紀前半,将軍義満の時代前後) 104
3 東山文化(15世紀後半,応仁の乱前後) 105
4 戦国期の文化(16世紀) 106
論述問題研究❼……応仁の乱と文化 107

10……戦国の争乱

1 戦国大名の登場 109
2 戦国大名の領国支配 110
3 都市の発展 110
4 堺・博多・京都 111
発展　一乗谷・十三湊・草戸千軒 112
発展　天文法華の乱 112
論述問題研究❽……守護・守護大名・戦国大名 113

第3章 近世

1……織豊政権

1 西欧の衝撃 114
2 信長の統一事業 115
3 秀吉の統一事業 116
発展　惣無事の強制 116
4 太閤検地と石高制 117
発展　武家奉公人 118
5 秀吉の対外政策と朝鮮侵略 118

2……桃山文化(16世紀後半〜17世紀初頭)

1 桃山文化の特徴 120
2 城の文化 120
3 町衆の生活と南蛮文化 121

3……幕藩体制

1 権力の確立 123
2 江戸幕府の職制 123
3 江戸幕府の経済基盤と軍事力 124
4 大名の区分 125
5 武家諸法度 126
6 参勤交代 126
7 地方知行制から俸禄制度へ 127
8 朝廷に対する統制 127
9 寺請制度 128
10 身分秩序と農民 129
11 町と町人 130
12 近世初期の諸産業 131
13 寛永期の文化(17世紀前半) 131
論述問題研究❾……地侍・城下町・近世の村 132

4 海禁と禁教

1. 家康の外交方針と西洋諸国との関係 134
2. 糸割符制度 135
- 発展　白糸 136
3. いわゆる「鎖国」政策の展開 136
- 発展　オランダ商館 137
4. 「鎖国」体制 137
- 発展　キリシタンの禁圧 138
- 発展　対馬口 138
- 発展　江戸時代の朝鮮使節一覧1(回答兼刷還使) 139
- 発展　江戸時代の朝鮮使節一覧2(通信使) 139
5. 長崎貿易 140
- 発展　『華夷変態』 141
6. 蝦夷地との関係(中世・近世) 141

5 平和と秩序の確立

1. 幕政の転換 143
2. 文治政策の採用 143
3. 5代将軍徳川綱吉の登場 144
4. 生類憐みの令 144
5. 財政難の進行と元禄金銀 145
6. 正徳の政治の理想と現実 145
7. 諸藩における文治政治 147

6 経済の発展

1. 農業発展の基本的特徴 149
2. 農具の改良 149
3. 金肥の利用と農書の出現 150
4. 製塩業・醸造業 151
5. 幕藩体制下の貨幣流通 151
6. 近世における金山・銀山・銅山 152
7. 江戸時代の陸上交通 153
8. 全国的商品流通網の形成 153
- 発展　近世の綿作(綿花栽培) 156
- 発展　生糸の国産化 156
- 論述問題研究❿……17世紀前半の院内銀山 157

7 元禄文化（17世紀後半～18世紀前半）

1. 元禄文化の特徴 158
2. 儒学の隆盛 158
3. 古学の誕生 158
4. 諸学問の発展 159
5. 町人文化 160
6. 元禄美術 160

8 幕政改革と社会の変動

1. 享保の改革の基本的性格 162
2. 百姓たちの運動 164
3. 田沼政治 165
- 発展　株仲間 166
- 発展　南鐐二朱銀のもたらした影響 166
4. 寛政の改革の基本的性格と主要政策 167
5. 寛政の改革における都市政策 168
6. 危機の深化・広域化 169
7. 大塩の乱 170
8. 天保の改革の基本的性格と主要政策 171
- 発展　印旛沼掘割工事と上知令 172
9. マニュファクチュアの成立 173
10. 雄藩の成立 174
- 論述問題研究⓫……農書の流布が示す江戸時代の農村状況 175

9 宝暦・天明期の文化(18世紀後半)＋化政文化(19世紀前半)

1. 化政文化の特徴 176
2. 国学の発達 176
3. 蘭学から洋学へ 177
4. 批判的精神の高揚 178
5. 尊王論と幕政批判 178
6. 教育の普及 179
7. 心学の登場 180
8. 文学 180
9. 美術 181
10. 庶民生活 182
- 論述問題研究⓬……1840年代の村の変化 183

論述問題研究　解答例 184

図版所蔵・提供者一覧 188

さくいん 189

第1章 原始・古代

1 ── 文化の始まり

1 更新世と日本

　原始時代についての混乱を避けるためには、まず、地質学上の年代区分と歴史学・考古学との関係を正確に把握しておく必要がある。下の表をみてほしい。

　更新世とは、約260万年前から約1万年余り前までの期間をさす地質学上の言葉で、この時代には、寒冷な氷期と比較的温暖な間氷期がくりかえされた（氷河時代）。今からおよそ700万年前に出現したと考えられている人類は、この間に、猿人→原人→旧人→新人へと進化し、日本列島にも数十万年前から人類が生活していたと推定されている。

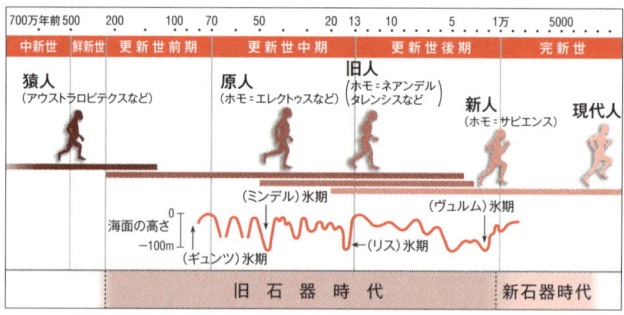

人類の進化と地質年代

❶ **更新世における氷期** 氷期には海面が下降し、**日本列島は北と南でアジア大陸と陸続き**になった。
　更新世末期の最後の氷期には、対馬と朝鮮半島の間、本州と北海道の間は離れていたと考えられる。

❷ **更新世の化石人骨** 現在までに日本列島で発見された更新世の化石人骨は、いずれも新人段階のもの（静岡県浜北人・沖縄県港川人・山下町洞人など）。日本人の原型はアジア大陸南部に居住していた人々の子孫（縄文人）だと考えられ、その後、弥生時代以降に渡来した北アジア系の人々との混血がくりかえされて現在の日本人が形成された。

2 旧石器時代

地質学上，更新世に属する数十万年前から約1万年余り前までの期間，人類はまだ打ち欠いただけの**打製石器**を用いていたため，この時代は，歴史学および考古学上，**旧石器時代**と呼ばれている。

日本には旧石器の遺跡は存在しないと考えられていたが，1946年に相沢忠洋が群馬県岩宿の関東ローム層から打製石器を発見し，これによって，1949年には日本における旧石器時代の文化の存在が明らかになった（**岩宿遺跡**）。

要点

❶ **旧石器時代** 人類がまだ金属器を知らない時代を石器時代と総称する。このうち，主に更新世にあたり，打製石器のみを用いた時代を旧石器時代といい，**完新世**になり**磨製石器**が出現する時代＝新石器時代と区別される。

❷ **旧石器時代の生活** **狩猟・採取**の生活。人々は食料資源（マンモス・オオツノジカ・ナウマンゾウなどの大型動物）を求めて移動した。

❸ **旧石器時代の住居** 移動に適したテント式の小屋。山中の洞穴も利用された。

❹ **旧石器時代の石器** 打製石器は，まずハンドアックス（握槌・握斧）が用いられ，やがて多様化して**ナイフ型石器**や**尖頭器**（槍先に使用）が一般化。旧石器時代末期には**細石器**（木や骨の軸の側縁に装着する組合せ式石器）が登場した。

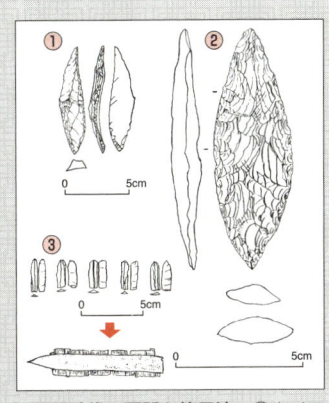

旧石器時代の石器と使用法 ①ナイフ形石器（埼玉県砂川遺跡出土），②尖頭器（神奈川県月見野遺跡出土），③細石器（北海道置戸安住遺跡出土）

3 縄文文化の成立

約1万年余り前，**更新世から完新世へと地球環境が大きく変化**した。温暖化により，海面が上昇して日本列島が形成され，**落葉広葉樹林帯**（東日本）・**照葉樹林帯**（西日本）が拡大し，中・小型動物が増加していった。こうした変化を背景に成立し，1万年近くにわたって継続した文化のことを**縄文文化**と呼んでいる。

> 要点
>
> ❶ 縄文土器　土器(低温で焼成された厚手の土器)が出現した。この**縄文土器**の形態の変化から，縄文文化の時代は草創期・早期・前期・中期・後期・晩期の6期に区分される。このうち草創期の土器は，現在のところ世界でもっとも古い土器になっている。
> ❷ 弓矢　中・小型動物の捕獲に適した**弓矢**が使用された。弓矢の先端に用いられた石器を**石鏃**という。
> ❸ 新石器時代　完新世になると磨製石器(磨くという作業が施された石器)が普及した。

石鏃

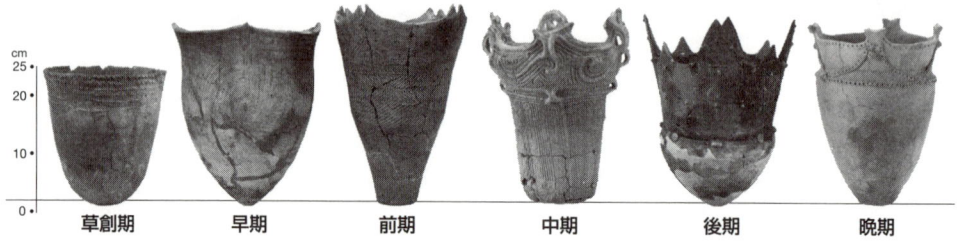

縄文土器の変遷　縄文土器の多くは深鉢であるが，ほかに浅鉢・台付鉢・注口土器などもある。

4 食料獲得経済

　縄文人たちの生活は，基本的に狩猟・漁労・採取を中心とする食料獲得経済だった。まず，そのための道具類を確認しておこう。

> 要点
>
> ❶ 狩猟　シカ・イノシシを捕獲するため，弓矢・落し穴をさかんに利用した。
> ❷ 漁労　動物の骨・角・牙を釣針などに加工(**骨角器**)し，丸木舟を用いて海上を移動した。
> ❸ 採取　木の実をすりつぶすため，石皿・すり石を活用した。

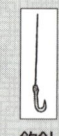
釣針

5 定住化の進行と縄文社会

　食料獲得方法の多様化によって縄文人の生活には安定がもたらされ，変化

に富んだ社会が形成された。

要点

❶ **縄文時代の住居** 定住化が進行し、**竪穴住居**・広場などを備えた集落が生まれ、**貝塚**が形成された。

❷ **縄文時代の交易** **黒曜石**（長野県和田峠などで産出）や**ひすい**（硬玉、新潟県姫川流域で産出）などが広範囲に分布していることから、かなり遠方の集団どうしの交易も展開されていたと考えられている。

日本列島におけるおもな黒曜石産地の分布（藁科哲男ほか『黒曜石，サヌカイト製石器の産地推定による古文化交流の研究』などによる）

❸ **縄文時代の習俗** 女性をかたどった**土偶**、男性を象徴的に表現した**石棒**、成人式など通過儀礼の際におこなわれた**抜歯**、死者の手足を折り曲げて葬る**屈葬**などがその代表例。

❹ **縄文社会** 貧富の差や身分の別がみられず（住居や墓地がほぼ均質）、また社会全体が**アニミズム**（自然の物や現象に霊魂が存在すると考え、それを畏怖・崇拝する信仰形態）に強く規制されていた。

❺ **縄文時代における東と西** 縄文文化は東日本で高度に発展した（**三内丸山遺跡**・亀ヶ岡遺跡は、いずれも青森県）。一方で、菜畑遺跡（佐賀県）・板付遺跡（福岡県）で縄文時代晩期の水田が発見されるなど、縄文時代の終わり（紀元前5～4世紀頃）には西日本の一部で水稲農耕が開始された。

発展 三内丸山遺跡

青森県の三内丸山遺跡は、縄文時代前期から中期にかけての長期にわたる大規模な集落跡である。多くの竪穴住居跡、大型の建物跡などが発見され、国内最大級の板状土偶や、新潟県姫川流域で産出されたひすいなど出土品も多い。また、クリなどの植物を栽培していたことも明らかになっている。

重要用語

□更新世 □氷河時代 □打製石器 □岩宿遺跡 □完新世 □磨製石器
□狩猟 □採取 □ナイフ型石器 □尖頭器 □細石器 □縄文文化
□縄文土器 □骨角器 □竪穴住居 □貝塚 □黒曜石 □ひすい □土偶
□石棒 □抜歯 □屈葬 □アニミズム □三内丸山遺跡

2 ── 農耕社会の成立

1 弥生文化の成立

およそ2500年前と想定される縄文時代の終わり頃，水田稲作農耕(水稲農耕)が九州北部で始まったと考えられている。紀元前4世紀ごろには，水稲農耕の展開と金属器(青銅器・鉄器)の使用を特徴とする弥生文化が西日本地域で成立し，それはやがて東日本へと広がっていった。

弥生時代は，石器(まもなく消滅)と青銅器・鉄器が同時に用いられた時代である。大陸文明の多くが青銅器時代を経て鉄器時代へと移行していったのと異なり，日本の場合，同時期に青銅器と鉄器の使用がはじまったため，青銅器は実用具ではなく祭器(銅鐸，銅剣，銅矛・銅戈)としての道を歩み，鉄器が実用的な工具・農具として普及していった。

また，縄文文化が日本列島全域に達したのに対して，弥生文化は北海道や南西諸島にはおよばず，両地域では食料採取文化が継続した。(北海道→続縄文文化，南西諸島→貝塚文化)

要点

❶ **食料獲得経済の限界** 西日本を中心とした地域では，食料獲得経済の限界から，食料生産経済への動きが本格化していた。菜畑遺跡(佐賀県)・板付遺跡(福岡県)などで，縄文時代晩期の水田が発見されている(→p.5)。

❷ **文明の伝播** 大陸での戦乱(この時期の中国は戦国時代)の影響などにより，朝鮮半島などから高度な技術を携えた人々が集団で渡来した(渡来人)。

❸ **農具** 当初，磨製石器で製作した木製農具(木鍬・木鋤・田下駄など)が使用され，やがて鉄製農具や鉄製の刃先をもつ農具が普及していった。

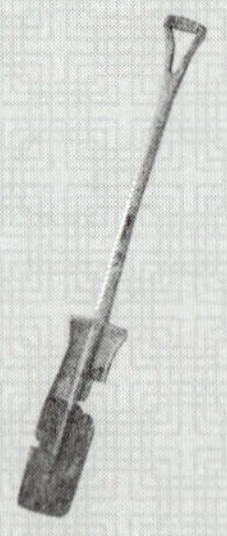

❹ **収穫** 稲の収穫時には当初，石包丁による穂首刈りがおこなわれ，やがて鉄鎌を用いた根刈りも登場した。

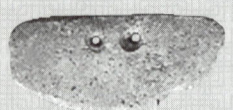
鋤

石包丁

❺ **脱穀・貯蔵** 脱穀には木臼・竪杵が用いられ，収穫物は高床倉庫などに貯蔵された。

❻ **水田** 当初，生産性の低い湿田が中心だ

ったが，やがて灌漑施設が必要だが生産性の高い乾田の開発が進行した。

2 弥生人の生活

　農耕を基盤とした弥生人たちの生活は，いくつかの新しい特徴をもつものだった。縄文時代との違いを確かめておきたい。

要点

❶ **弥生時代の住居**　定住生活が定着し，竪穴住居が一般化した。また，外敵の侵入を防ぐため，住居群を濠で囲んだ環濠集落が拡大し，瀬戸内海沿岸には軍事機能をもつと考えられる高地性集落も出現した。

❷ **弥生時代の土器**　高温で焼成された薄手・硬質の弥生土器が広がり，甕（煮炊き用）・壺（貯蔵用）・高杯（盛付け用）など種類も豊富になった。

❸ **弥生時代における埋葬**　伸展葬が増加した。また，大型の墳丘墓や多数の副葬品をもつ墓が出現した点も重要で，九州北部では甕棺墓や支石墓がみられ，各地に方形周溝墓も拡大した。

❹ **青銅製祭器**　青銅製祭器（銅鐸，銅剣，銅矛・銅戈）は，弥生時代における地域的な勢力圏の変遷を示すものとして知られている。朝鮮半島から伝えられて次第に大型化した銅矛・銅戈は，九州北部を中心とする地域に分布し，朝鮮半島の鈴（朝鮮式小銅鐸）に起源をもつ銅鐸は，近畿地方中心に，広く西日本一帯から発見されている。

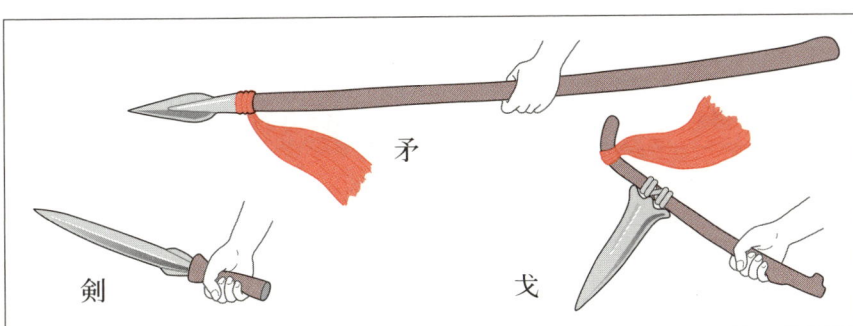

青銅製祭器の使用例　銅矛は槍に似た武器。銅戈は短剣型の身を柄に対して直角にとりつけた武器。

発展　島根県の遺跡

　島根県の荒神谷遺跡では，山の斜面に穴を掘って358本の銅剣が埋められており，さらに別の穴には6個の銅鐸と16本の銅矛が埋められていた。また同県の加茂岩倉遺跡では39個の銅鐸が発見されている。

2．農耕社会の成立

3 邪馬台国への道

「イネと鉄」によって成立した弥生時代は，農業そのものが人々の集団化をうながしたのに加えて，用水の確保や余剰生産物の獲得をめぐる争いが激化し，ほどなく戦争の時代へと突入した。

この時代，戦争の過程で小国（「クニ」）が形成され，そのなかからより大きな政治的統合が生まれようとしていたことは，中国の歴史書にも記録が残されている。

要点

❶ **冊封体制** 冊封体制とは，中国皇帝が朝貢してきた周辺諸国の王に称号などを授与すること（冊封）によって形成される国際秩序をいい，弥生時代の王たちも，先進的な文物と中国皇帝の政治的な権威を求めて，大陸に使者を派遣した。

❷ **邪馬台国** 邪馬台国については，(a)小国連合（約30国）の中心であること，(b)「鬼道」（呪術）による支配がおこなわれる一方で，法や制度が整いはじめ，社会には身分差（大人・下戸）があったこと，(c)その所在地をめぐり近畿説と九州説が対立していること，を確実に理解しておきたい。

❸ **邪馬台国論争** 江戸時代から所在地をめぐる議論が展開されてきた邪馬台国については，現在もなお，その論争に決着がついていない。

中国の史書に記された邪馬台国が近畿にあったとすると，それはヤマト政権に直接つながり，3世紀の段階で，邪馬台国＝ヤマト政権が九州から中部地方あたりまでを版図としていたことになる。一方，九州説をとると，邪馬台国は九州北部を管轄していたに過ぎず，3世紀の段階では，畿内のヤマト政権による広範な政治的統一はまだ認められない，ということになる。

発展 中国の歴史書の記述

	『漢書』地理志
紀元前1世紀	倭，100余国に分立。前漢が朝鮮半島北西部においた楽浪郡（現在のピョンヤン〈平壌〉付近を中心とする地域）に遣使。

	『後漢書』東夷伝
1世紀中頃(57)	倭の奴国王，後漢の光武帝より印綬を授かる。〔印綬→福岡市志賀島出土の金印（「漢委奴国王」印）〕。

金印

2世紀初頭(107)	倭国王帥升ら，生口(奴隷のこと)を献上。
2世紀後半	倭国大乱〔大乱→佐賀県吉野ヶ里遺跡も巨大な環濠集落〕。

「魏志」倭人伝	
3世紀中頃(239)	邪馬台国の女王卑弥呼，魏に遣使。「親魏倭王」の称号と金印・銅鏡などを授かる。
3世紀中頃	卑弥呼の死後，男の王が擁立されたが内乱状態になり，卑弥呼の宗女(同族の女性)壱与(台与)が王となってようやく混乱が収束した。

重要用語

□水稲農耕　□金属器　□弥生文化　□弥生時代　□銅鐸　□銅剣　□銅矛
□銅戈　□続縄文文化　□貝塚文化　□渡来人　□高床倉庫　□湿田　□乾田
□環濠集落　□弥生土器　□伸展葬　□甕棺墓　□支石墓　□方形周溝墓
□クニ　□近畿説　□九州説　□『漢書』地理志　□楽浪郡　□『後漢書』東夷伝
□金印　□「魏志」倭人伝　□邪馬台国　□卑弥呼　□壱与

論述問題研究❶……… 弥生時代のある集落の歴史

　次の文章は，弥生時代のある時期に属する，ひとつの集落の遺跡について紹介したものである。この文章を読んで，あとの設問に答えよ。

　……このあたりの平野は，××川の氾濫の結果として，数世紀にわたって徐々につくりだされた沖積平野である。この平野のなかの，やや高くなっているところのあちらこちらからは，同じ時期の集落の遺跡がいくつか発見されているが，これから問題にしようとする集落は，それらと同じころの遺跡ではあっても少しばかり趣がちがっていて，河川ぞいの低湿地とほぼ同じ高さの場所か，それよりも少しは高い自然堤防の上にひろがっていたと推定される集落である。また，集落の南側の，ほぼ同じ面にひろがって発掘された水田の跡や排水路の跡も，そこから集落周辺と同じ出土品が発見されているため，この集落のものであったと考えられている。
　発掘にあたっては，このあたり一面を覆っていた深さ1メートルほどの青い砂土を取り除いたが，集落の北側には，三段になった砂利層があることが突き止められた。集落の発掘では，同じ地域内に，いくつもの上下に重なった集落址が，よく発見されるものだが，ここでは，この集落址のほかには，なにも発見できなかった。その昔，この集落は，多くても20たらずの小判型平面住居群と，その中央にある2棟の隣り合わせの高床倉庫とから成っていたらしいが，発掘された住居址からは，住居に大小の規模の差があったとは，認められない。周囲の土の中からは，石包丁，石鏃，土器，丸木でつくった弓，鹿角でつくった釣針や装飾品，田下駄，田舟，竪杵など，いろいろな日用道具が発見された。鉄器らしい形のものは，なにひとつ発見できなかったが，木製の道具の表面には，あきらかに刃物で削ったと思われる痕跡がのこっている。
　不思議なことがひとつあった。2棟の倉庫の柱の穴のどれもこれにも，根元近くでポッキリ折れたと思われる杉の角材や槙の丸太材の残片が，突きささったままで残っていた。しかも，どう

2．農耕社会の成立　9

したことだろうか，これらの残片は，みな同じように，ある方角に少し傾いて突きささっているではないか。倉庫の棟を支えるための補強柱ならば，地面に斜めに差すこともあろうが，四隅(よすみ)の柱では，まず，このようなことをしないといってよい。……

設問

この集落がたどった興亡(こうぼう)の歴史を，その自然環境から想像して考え，200字（句読点も1字に数える）以内で記せ。

(東大，1982年度)

ヒント

与えられた文章に正確に反応して，そこからできるかぎり多くの情報を引きだすこと。「鉄器らしい形のものは，なにひとつ発見できなかったが，木製の道具の表面には，あきらかに刃物で削(けず)ったと思われる痕跡(こんせき)がのこっている」「これらの残片(ざんぺん)は，みな同じように，ある方角に少し傾いて突きささっている」といった部分にも，正確に反応したい。

MEMO

3. 古墳とヤマト政権

1 ヤマト政権の成立と東アジア情勢

3世紀中頃から後半になると，西日本各地に巨大な古墳（**前方後円墳**が中心）が出現する。各地の首長たちは**共通の墓制**で結ばれつつあった。

出現期におけるもっとも大規模な前方後円墳は，大和（奈良県）に造営されている**箸墓古墳**である。この時期に，近畿地方を中心とする広域の政治連合＝**ヤマト政権**が形成されたと考えられる。

箸墓古墳

要点

❶ **4世紀ごろの中国情勢** 中国は南北分裂時代（五胡十六国時代・南北朝時代）を迎えて混乱した。このため，4世紀を含む前後約150年間，中国の歴史書には倭（ヤマト政権）に関する記述がない。また，周辺諸民族に対する中国の支配力が弱まり，東アジアの諸地域は次々に国家形成へと進んだ。

❷ **4世紀ごろの朝鮮半島** 中国東北部からおこった**高句麗**が朝鮮半島北部に領土を広げ，313年には楽浪郡を滅ぼした。一方，朝鮮半島南部では馬韓・弁韓・辰韓というそれぞれ小国の連合が形成されていたが，4世紀には馬韓から**百済**が，辰韓から**新羅**が生まれた。

高句麗の**好太王**（広開土王）**碑**の碑文には，「4世紀の終わり（391）に倭と高句麗が交戦した」という記録が残されている。高句麗は南下政策をとり，倭（ヤマト政権）は半島南部の鉄資源を欲したため，両者は，新羅・百済をはさんで軍事的に衝突することになったのだと考えられている。

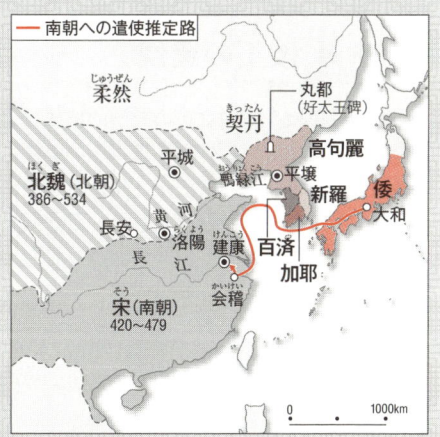

4～5世紀の東アジア

2 倭の五王

5世紀にはいると，中国の歴史書に倭（ヤマト政権）の記事がみられるようになる。『宋書』倭国伝は，この約1世紀の間に5人の倭王（倭の五王）が中国の南朝に朝貢したと伝えている。

『宋書』倭国伝は倭の五王のことを讃・珍・済・興・武と記しており，倭王武の上表文（478年）で知られる「武」は5人目の倭王になる。倭王武＝ワカタケル大王＝雄略天皇と考えられている。

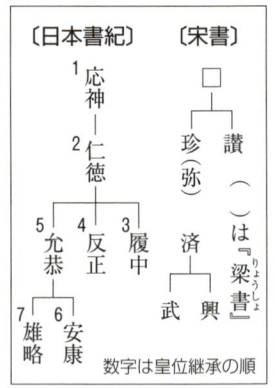

倭の五王と天皇

要点

倭王武	『宋書』の記述。
ワカタケル大王	江田船山古墳出土鉄刀（熊本県）や稲荷山古墳出土鉄剣（埼玉県）に，漢字の音を利用して表記された大王。
雄略天皇	のちにまとめられた「記紀」（『古事記』『日本書紀』のこと，→p.35）に登場する天皇。

発展　倭王の遣使

倭の五王は，中国皇帝の政治的権威により，国内における支配権を確立すると同時に，朝鮮半島南部における外交・軍事上の優位を確保するために中国の南朝に朝貢した。倭王武の時代になると，その支配が九州から関東におよんで統治権者としての大王の地位が確立し，朝貢の目的の一端が達成された。しかし，百済への軍事権など半島南部における優越的地位はついに認められず，使節の派遣は打ち切られることになる。

3 氏姓制度

倭王たちの活発な動きからもわかるように，5世紀後半になると，ヤマト政権の支配は九州から東国（関東地方）にまで確実におよぶようになり，氏姓制度と呼ばれる支配体制がつくりあげられていった。

「氏」とはヤマト政権を構成する豪族のことをいい，ヤマト政権が大王を中心とする諸豪族の連合体だったことをよく示している。一方，「姓（カバネ）」は氏に与えられた称号で，臣（中央豪族や伝統的地方豪族に授与）・連（特定の職務をつかさどった有力豪族に授与）・君（地方の有力豪族に授与）などがあった。

こうして「姓（カバネ）」という位置づけを与えられた諸豪族は，それぞれ職務を分担してヤマト政権を支えていった。

要点

❶ **大王** ヤマト政権の首長。7世紀後半ごろに天皇号が用いられはじめたと考えられている。

❷ **大臣・大連** 臣・連の最高実力者が大臣・大連に任じられ，国政を担当した。

❸ **伴造** 伴造は，品部（韓鍛冶部・陶作部など専門的技術で朝廷に奉仕する集団）などを統率して朝廷（大王を中心とする政府）内の職務を分担した。

❹ **国造・県主** 国造・県主はいずれも，ヤマト政権下の地方官をいう。

4 ヤマト政権による土地支配

豪族連合というヤマト政権の特徴は，土地支配の様子（私地私民的な支配）にもよく示されている。

各豪族の農業経営の拠点（私有地）のことを田荘，各豪族の私有民を部曲といい，大王家の直轄地は屯倉，その耕作者は田部と呼ばれていた。さらに大王家は，服属した地方豪族の支配する私有民の一部を名代・子代の部という直轄民として組織し，大王家を維持するための労働に従事させた。

また，諸豪族は奴隷的な人々も所有し，彼らはヤツコ（奴婢）と呼ばれた。

5 ヤマト政権の動向

6世紀，ヤマト政権は地方支配の拡大を進展させる一方で，深刻な危機・混乱にも直面した。

第一の危機として朝鮮半島からの撤退があげられる。ヤマト政権が半島南

3．古墳とヤマト政権

部の**加耶(加羅)諸国**に保持していたと考えられる
影響力は，百済・新羅の圧迫をうけ，新羅が加耶
諸国を併合した562年には完全に失われることに
なった。

　半島情勢にも刺激されて**豪族間の対立・抗争**が
高まった。それがヤマト政権が直面した第二の危
機である。

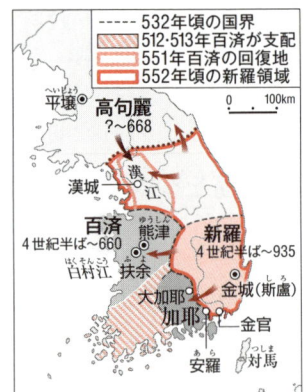
6世紀の朝鮮半島

❶ **筑紫国造磐井の乱** 527年，九州北部の国造磐井が新羅と結んで反乱(**磐井の乱**)をおこしたが，ヤマト政権によって鎮圧された。

❷ **大伴氏の後退** 朝鮮政策の失敗(加耶西部の地域に対する百済の支配権が確立した事態をさす)を非難された大連の大伴金村が，540年に失脚した。

❸ **物部氏と蘇我氏の対立** **仏教**受容などをめぐり，両者の対立が激化。物部氏は消極派だったのに対し，新たに台頭してきた蘇我氏は渡来人とも結び，仏教受容に積極的だった。

> 発展　**渡来人文化**
>
> 　倭の五王の時代にあたる5世紀には，倭(ヤマト政権)と朝鮮半島との交流が活発になり，また朝鮮半島での高句麗・新羅・百済による戦乱から逃れるために多くの渡来人が来日し，さまざまな技術や文化が伝えられた。
> 　「記紀」(→p.35)には，(a)**秦氏**の祖である**弓月君**，(b)**西文氏**の祖である**王仁**，(c)**東漢氏**の祖である**阿知使主**の渡来の説話が伝えられている。弓月君は養蚕・機織を，王仁は『論語』や『千字文』を倭(日本)に伝え，また，阿知使主は文筆によりヤマト政権に仕えた。

6　古墳文化(3世紀中頃〜7世紀)

　古墳文化については，4期(前期・中期・後期・終末期)にわけて変化の様
子をつかんでおくことが大切である。

❶ **古墳とは** 3世紀中頃から7世紀にかけて築造された，土などを盛った墳丘とその

内部に埋葬施設を有する墳墓を古墳と総称する。形態は前方後円墳・前方後方墳・円墳・方墳など多様だが、日本における大規模な古墳はいずれも**前方後円墳**になってい る。また、葬送儀礼の内容などを示すために、墳丘部や墳丘斜面には**埴輪**が配置された。

❷ 古墳文化の展開

	形 態	性 格
前期（3世紀中頃～4世紀後半）	大規模な前方後円墳が出現（→箸墓古墳など）。埋葬施設は**竪穴式石室**や棺を粘土でおおった**粘土槨**など。 竪穴式石室	**三角縁神獣鏡**など呪術的**副葬品**が多く、**司祭者的な人物**が葬られたと考えられる。 三角縁神獣鏡
中期（4世紀後半～5世紀末、倭の五王の時代）	前方後円墳が巨大化・全国化（→大仙陵古墳など）。埋葬施設は竪穴式石室。	副葬品には武器・武具・馬具などが増加。**軍事的な統率者**が葬られた。
後期（6世紀）	**群集墳**など小型古墳が増加。また、追葬可能な**横穴式石室**が普及した。 横穴式石室	装飾古墳など古墳の地域性が高まる一方で、古墳の家族墓的性格が強まり、古墳の造営は有力農民にまで拡大した。
終末期（7世紀）	前方後円墳の造営停止、大王墓の**八角墳**化につづいて、有力首長も古墳を造営しなくなった。	中央集権的な律令国家体制を形成する動きに呼応した変化だと考えられている。

❸ 土師器・須恵器　弥生土器の系譜をひく土器のことを**土師器**といい、5世紀ごろに朝鮮半島から伝来した技術で生産された土器のことを**須恵器**という。

❹ 太占の法　**太占の法**とは、焼いた鹿の骨で吉凶を判断する占いをいう。

❺ 盟神探湯　**盟神探湯**とは、熱湯にいれた手がただれるかどうかで正邪を判断する原始的な裁判の方法をいう。

3．古墳とヤマト政権　15

重要用語

□前方後円墳　□箸墓古墳　□ヤマト政権　□高句麗　□百済　□新羅
□好太王碑　□『宋書』倭国伝　□倭の五王　□大王　□漢字　□氏姓制度
□氏　□姓　□伴造　□国造　□田荘　□部曲　□屯倉　□名代　□子代
□ヤッコ(奴婢)　□加耶諸国　□磐井の乱　□仏教　□埴輪　□竪穴式石室
□粘土槨　□三角縁神獣鏡　□副葬品　□群集墳　□横穴式石室　□八角墳
□土師器　□須恵器　□太占の法　□盟神探湯

MEMO

4 ─ 飛鳥の朝廷

1 隋の成立と蘇我氏の台頭

　589年，中国における統一王朝隋が成立し，東アジア情勢に大きな変化が生じた。隋は，高句麗遠征を実行するなど周辺諸国への軍事的圧力を強めていった。

　一方，国内では，隋が成立した6世紀末，朝廷内の権力抗争がピークを迎えることになる。

　587年には**蘇我馬子**（大臣）が**物部守屋**（大連）を滅ぼし，592年，馬子はさらに崇峻天皇を暗殺して政治権力を掌握する。そして女性の**推古天皇**が即位した。

2 推古朝の内政

　こうした内外情勢のもとで，蘇我馬子（大臣）と**厩戸王**（聖徳太子，推古天皇の摂政）は，協力して冠位十二階，憲法十七条をつくるなど，**中央集権国家建設**をめざす改革にとりくんだ。

　しかし，そのような改革も十分なものとはいえず，**諸豪族の特権を奪って私地私民的な支配構造を変革するには，なお時間がかかる**ことになる。

要点

❶ **冠位十二階（603年）** 冠位十二階では，才能・功績に応じて個人に冠位が授与された。従来の姓とは異なり，授与された個人一代かぎりのものとされ，氏姓制度のもつ世襲制の打破をこころみた。

❷ **憲法十七条（604年）** 憲法十七条では，官吏の道徳・仏教の重視・天皇への服従などが強調された。

---

3 遣隋使の派遣

　この時期には，中国との外交も再開された（**遣隋使**）。

 要点

❶ 遣隋使

	年代	内容
第1回	600	倭国の風俗を聞いた隋の文帝が，「大いに義理無し（中国的な礼的秩序が未整備である）」と指摘（『隋書』倭国伝にのみ記載があり『日本書紀』には記載がない）。
第2回	607	小野妹子を派遣。 ⇒ 国書提出（対等外交を主張），中国皇帝に臣属しない形式をとったため，煬帝が激怒（『隋書』『日本書紀』）。
第3回	608	このころ，隋使の裴世清が来日。 小野妹子が高向玄理・南淵請安・旻らの留学生・学問僧を随行して再渡航（『隋書』『日本書紀』）。 ⇒ 彼らの新知識が大化改新以降の国政改革に影響した。
第4回	614	犬上御田鍬を派遣。

❷ 第2回遣隋使（607年） 第2回遣隋使派遣の際，厩戸王（聖徳太子）が対等外交を求める国書を持参させた最大の理由は，中国の冊封をうけないことで，冊封体制下にある朝鮮諸国との関係を優位にしようとしたからだと考えられている。

❸ 裴世清 皇帝の激怒にもかかわらず隋が裴世清を派遣してきたのは，敵対関係にある高句麗の動きを警戒した結果だった。

> **発展 遣隋使がみせた姿勢**
>
> 中国に対する倭の対等外交要求は，東アジア世界を律してきた伝統的秩序（冊封体制）と大きく隔たっていた。これは仏教思想によって触発・媒介されたのではないか，いいかえると，倭の指導者が中国を中心とする秩序から離脱・自立する発想をしえたのは，彼らの一部がインドで生まれた仏教の宇宙観・世界観を身につけたからではないか，と考えられている。世界の中心は一つではないという理論的根拠を手に入れれば，中国中心にまわる世界を相対化することができるだろう。
>
> 607年（第2回遣隋使）の倭の国書に記された主張は隋に却下されたが，倭はそのまま引き下がったわけでない。翌年（第3回遣隋使），再度届けられた国書には「東の天皇，敬みて西の皇帝に白す」と記されていた。

4 飛鳥文化（6世紀末～7世紀前半，推古朝前後）

飛鳥文化は，日本における最初の仏教文化として知られる。6世紀に朝鮮

半島を経由して日本に伝えられた仏教は，古墳にかわって豪族たちの権威を示すものととらえられ，朝廷に保護されるようになった。

要点

❶ 仏教公伝 6世紀になると，百済の聖明王が欽明天皇に仏像・経典を伝え，その受容をめぐって排仏派の大連物部尾輿と崇仏派の大臣蘇我稲目が対立した（崇仏論争）。聖明王が仏教を伝えた年代については，(a)538年説（戊午説，『上宮聖徳法王帝説』『元興寺縁起』）と(b)552年説（壬申説，『日本書紀』）があり，また，渡来人の一部では，それ以前から仏教が信仰されていた可能性が大きいと考えられている。

❷ 氏寺の建立 豪族たちは競って氏寺を建立した。蘇我氏の氏寺飛鳥寺（法興寺），厩戸王（聖徳太子）の発願による斑鳩寺（法隆寺）など。

法隆寺

❸ 仏像彫刻 仏師鞍作鳥らによる仏像彫刻が残された。飛鳥寺釈迦如来像・法隆寺金堂釈迦三尊像など。

法隆寺金堂釈迦三尊像

❹ 高度な文化や技術の伝来 百済の僧観勒が暦（暦法＝時を計測して記録する技術のこと）を伝え，高句麗の僧曇徴が紙や墨の製法，さらに彩色の技法を伝えた。

重要用語

□蘇我馬子　□物部守屋　□推古天皇　□厩戸王　□中央集権国家建設
□冠位十二階　□憲法十七条　□遣隋使　□飛鳥文化

MEMO
....
....

4．飛鳥の朝廷　19

5 ── 律令国家への道

1 唐帝国の成立と大化改新

　618年，中国では隋が滅んで唐が成立した。唐帝国は律令法にもとづく強力な中央集権国家へと成長し，周辺諸国を軍事的に圧迫していった。唐から帰国した留学生・学問僧は，その最新情報を日本にもたらすことになる。

　一方，国内では蘇我蝦夷・入鹿が権力を掌握し，643年には厩戸王（聖徳太子）の子山背大兄王が自殺に追いこまれるという事件も発生した。

　このような情勢のなかで，645年，中臣鎌足（のち藤原鎌足）と中大兄皇子は，集権体制の確立をめざすクーデタを敢行して蘇我蝦夷・入鹿を滅ぼし（乙巳の変），次のような政策を実行に移していった（大化改新）。

要点

❶ **新政権の構成**　王族の軽皇子が即位して孝徳天皇に。また，中大兄皇子を皇太子，阿倍内麻呂・蘇我倉山田石川麻呂を左・右大臣，中臣鎌足を内臣，旻・高向玄理を国博士とする新政権が成立した。

❷ **年号と遷都**　年号を大化（初の年号）とし，東アジアの動乱に備えるため，都を飛鳥から難波に移した。

❸ **改新の詔**　改新の詔（646年正月）を発し，公地公民制・班田収授法など中央集権国家建設の基本方針を明示した。しかし，改新の詔が示した方針を実行に移すのは容易ではなく，実現までの過程は波乱に満ちたものになる。

発展　郡評論争

　郡評論争とは，大化改新ごろの地方行政を示す文字として，「郡」が用いられたか，それとも「評」であったか，という点を軸に展開された論争をいう。藤原京跡から発見された大量の木簡によって，「郡」は大宝律令（701年制定）にもとづく単位で，それ以前は「評」の用語が使用されていたことが判明し，この論争には決着がつけられることになった。したがって，『日本書紀』（720年完成）記載の改新の詔（646年発令）に「郡」の文字が使用されているのは，この詔が『日本書紀』編纂の段階で大宝律令による修飾をうけたことを示している。

2 白村江の戦い

　660年，唐・新羅の連合軍によって百済が滅ぼされると，百済との友好関係を長く保ってきた日本は，百済復興の動きに呼応して水軍を派遣した。しかし663年，唐・新羅の連合軍に大敗を喫することになった(白村江の戦い)。

　白村江における敗戦後，中大兄皇子は対外防備の充実・支配体制の強化に全力を傾け，667年，都を大津宮に移し，翌年天智天皇として即位した。

要点

❶ **防備体制の強化**　九州に防人(一種の国境警備隊)・烽(のろしをあげて危急を知らせる施設)をおき，大宰府では水城(水を貯えた防備施設)や大野城・基肄城などの古代朝鮮式山城，また西日本各地にも同様の山城が築造された。

❷ **豪族の再編成**　国家的な非常時という国際情勢を利用して国政改革を実行(664，「甲子の宣」)。具体的には氏上を定め，豪族の領有民を確認した。

❸ **遷都と即位**　防備体制強化の一環として，畿外の地にあたる近江大津宮に遷都(667年)。中大兄皇子は，同地で7年間の称制(即位せずに政務を執ること)に終止符を打って即位した(天智天皇，668年)。

❹ **集権化**　庚午年籍作成(最初の全国的戸籍，670年)。この庚午年籍には，全国の諸豪族の私有民である部曲などが登録された。これによって，朝廷は軍事力の動員や税の徴収が実行しやすくなったが，一方で，中央の介入を好まない地方豪族たちは不満を高めていった。

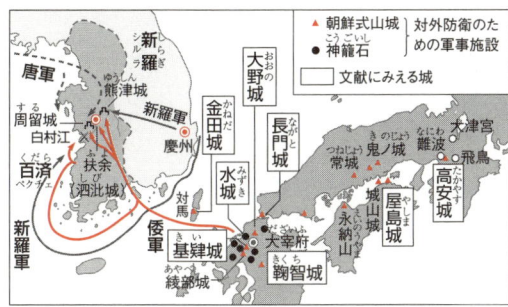

白村江の戦い

3 壬申の乱

　天智天皇がなくなると，大海人皇子(天智天皇の弟，吉野側)と大友皇子(天智天皇の子，近江朝廷側)のあいだで皇位(大王位)継承問題(天智天皇の

後継者という正統性を保有する者同士の争い）をめぐり，672年，**壬申の乱**が発生した。

要点

❶ 壬申の乱の結果と影響 吉野に逃れていた大海人皇子側は，美濃を拠点とし，東国で徴発された兵の協力を得て勝利を収めた。乱後，大海人皇子は673年に飛鳥浄御原宮で即位して**天武天皇**となり，強大な権力を手中にした。「政の要は軍事なり」と考えた天武天皇は，東アジア情勢の緊張に対処するため，中央集権的な律令国家体制の確立に全力を注ぐことになる。

発展　富本銭

1998年に奈良県飛鳥池遺跡から大量に出土した**富本銭**が，7世紀後半に同遺跡で鋳造されていたことが判明した。『日本書紀』で683年に使用を命じたとある銅銭に相当する可能性が高く，壬申の乱に勝利した天武天皇が初めて天皇号を用いる一方で，藤原京造営にあたって都周辺の経済活動を支えるために，最初の通貨である富本銭を鋳造したのではないかと考えられている。

富本銭

4 天武・持統朝

7世紀後半，天武・持統天皇のもとでの政治の全体的特徴は，皇族が政治を主導したこと（皇親政治），**天皇の神格化が進行**したこと，である。この時期に，天皇を中心とする中央集権国家（律令国家）の建設は，ようやく完成の域へと達することになった。

要点

❶ 天武朝
681　飛鳥浄御原令の編纂に着手。
　　国史の編纂開始（→8世紀に『古事記』
　　『日本書紀』として完成，→p.35）。
684　**八色の姓**制定（諸豪族の身分秩序を天皇中心に再編成する目的）。

❷ 持統朝
689　**飛鳥浄御原令**を施行。
690　**庚寅年籍**完成（→以後，全国的な班田開始）。
694　**藤原京**（日本で最初の条坊制をとりいれた中国風都城）へ遷都。

発展　本格的宮都形成への道

6世紀	ヤマト政権下の大王宮	ヤマト政権下の大王は、代替わりごとに王宮（大王宮）を新しく営んだ。これを歴代遷宮という。大王宮には、大王の居所と政務をおこなう王宮があるだけで、その周辺に統治に必要な諸施設は整備されず、京域も設定されなかった。
7世紀	過渡期としての飛鳥	推古天皇の時期から、飛鳥の地に大王の王宮が次々に営まれるようになり、王宮の所在地は固定化した。これにともなって、王宮周辺には統治のために必要な諸施設が次第に整えられていくが、歴代遷宮の原則は変わらなかった。 また、有力な王族や中央豪族たちは、大王宮とは別にみずからの邸宅を営んだ。たとえば、厩戸王（聖徳太子）が飛鳥から離れた斑鳩の地に居住し（ここに法隆寺などを建立）、蘇我氏も飛鳥の丘陵地帯の一角に大邸宅を構えていた。
7世紀末	藤原京遷都	藤原京は、白村江での敗北にともなう対外的緊張と近江朝の敗北（壬申の乱）という政治変動を経て、天武天皇の時代に造営がはじまった。以後、持統・文武・元明天皇3代にわたる永続的な都として機能することになる。 広大な京域が設定された藤原京には、直線道路が碁盤目状に東西・南北に走る条坊制が敷かれ、藤原宮（宮城・大内裏）には、天皇が居住する内裏に加えて、政務・儀礼に必要な諸施設が整えられた。 この藤原京は、669年の派遣後、30年ほど遣唐使が派遣されなかった時期に造営されたため、宮城（大内裏）が都城の中央に位置するなど、当時の唐の都城とは大きく異なるものだった（京の設計プランは中国の古典の記述に学んだと考えられている）。このため702年の遣唐使によって唐の最新情報が伝わると、唐の長安城にならって宮城を都城の北端におく平城京が造営された（→ p.30〜31）。 藤原京の条坊復元図

5 白鳳文化

　7世紀後半から8世紀初頭，天武・持統天皇のもと律令国家の建設が進んでいく時期の文化を白鳳文化という。

要点

❶ **中国文化の直接導入**　新羅経由で中国（唐初期）文化が伝えられると同時に，遣隋使・遣唐使の派遣にみられるように，中国文化との直接的な接触をとおして成立した清新な仏教文化である。興福寺仏頭（もと山田寺薬師三尊像の本尊の頭部）など。

興福寺仏頭

❷ **国家仏教化**　国家仏教（国家の保護・統制下で国家を護る仏教）の確立をめざす動きが本格化し，官立の大寺院が建てられた。天武天皇が創建した大官大寺・薬師寺など。

❸ **絵画**　張りのある描線と色の濃淡で立体感をあらわした白鳳時代の仏教壁画であった法隆寺金堂壁画は第二次世界大戦後の火災（1949年）でその大半が焼損した。7世紀末から8世紀初めの高松塚古墳からは1972年に極彩色の壁画が発見された。

高松塚古墳

6 法の完成

　701年，刑部親王・藤原不比等らは，**大宝律令**を完成させた。律令制下における法体系は，律・令・格・式に分類された。

要点

❶ **大宝律令**　大宝律令は701年に完成，翌年施行された。
❷ **養老律令**　養老律令は718年に完成（藤原不比等），757年に施行された（藤原仲麻呂政権）。
❸ **律**　犯罪と刑罰を記した法。刑罰には，笞・杖・徒・流・死の五刑があった。
❹ **令**　行政機構，官吏の服務規定，租税・労役などを定めた基本法。
❺ **格**　律令の補足・修正のために制定された法律。
❻ **式**　律令の施行細則。

> **発展　養老令の注釈書**
>
> ❶ 『令義解』　9世紀前半にまとめられた養老令の官撰注釈書（清原夏野ら編纂）。
> ❷ 『令集解』　9世紀後半にまとめられた養老令の私撰注釈書（惟宗直本編纂）。ここから，大宝令の一部を復原することができる。

7　貴族の特権

　律令制下の貴族とは，五位以上の位階（律令制のもとで役人の序列を示す等級，計30階）を与えられた人々をいう。彼らには，その生活と地位を維持することができるように，多くの特権が与えられていた。

要点

❶ **経済上の特権**　調・庸・雑徭が免除され，位階・官職に応じて，位封・位田，職封・職田などが支給された。
❷ **身分上の特権**　五位以上の貴族の子と三位以上の貴族の孫には，父や祖父の位階に応じて一定の位階が授与された（**蔭位の制**）。これによって，貴族は同一の階層から再生産されることになった。

8　行政機構

　律令制下における中央・地方の行政機構は，以下のような特色をもつものだった。

要点

❶ **中央組織**　中央官庁として**神祇官**と**太政官**（国政の中心）があり，太政官のもとに**八省**（中務省・式部省など）がおかれた。国政の審議・運営は，太政官の首脳である左・右大臣や大納言といった**公卿**（上級官人の総称）による合議で進められた。
❷ **地方組織**　**国・郡・里**の3層構造をもつ地方制度をとり，それぞれ国司（中央貴族を派遣，任期制），郡司（かつての国造など地方豪族を任命，終身官・世襲制），里長をおいて統治した。なお，律令制下における諸国の役所を**国府**といい，のちになると国衙の呼称が一般化した（郡司の統治拠点を**郡家**，あるいは郡衙という，→p.53）。
❸ **大宰府**　**大宰府**は，外交・国防上の要地である筑紫におかれた地方特別官庁。西海道諸国（西海道は**七道**の一つで九州地方をさす）の軍事・行政を統轄した。

❹ 四等官　中央・地方の諸官庁は，長官・次官・判官・主典の4段階に序列化された官職をもつ役人中心に構成された。この四等官は，役職ごとに用いる漢字が異なり，たとえば国司の四等官は，守・介・掾・目になっていた。

❺ 官位相当制　正三位の位階をもつ者が大納言になるなど，役人には，位階に相当する官職を与える原則がとられた。

9 支配の原則

　中央集権的システムを支えるために，律令政府は，土地と人民を国のものとした（公地公民制）。

　律令政府は，6年ごとに6歳以上の男女に口分田を与え（班給），死後とりもどす（収公）というサイクルを確立することで，課税対象者の確保をめざす班田収授法を機能させようとした。具体的には，6歳以上の良民男性に2段（1段＝360歩），同じく良民女性には男性の2／3＝1段120歩（720歩×2／3＝480歩）が班給された。

　良民と賤民（人口の数％程度）が存在し，賤民は5種類に分類された（五色の賤）。

要点

❶ 公地公民制　富の基盤である土地と人民は，国家が所有する。なお，この用語はあくまでも学術用語で，律令には公民の語がないなどの弱点を含んでいる。

❷ 人頭税の徴収　国家が個々の人民を直接把握し，調・庸・雑徭などの人頭税（土地や物ではなく人を対象に課す税）を徴収する。

❸ 戸籍　戸籍は口分田班給などのために人民を登録した基本台帳。6年ごとに作成（六年一造の造籍）。令の規定では30年間保存されたのちに廃棄されることになっていたが，当時，紙が大変貴重だったために，現実には廃棄されずに他の官庁・官寺などで裏面が再利用された。

❹ 計帳　計帳は調・庸などを徴収するための台帳（課役賦課の基本台帳）。毎年作成。そこには，性別・年齢などから個々の身体的特徴までが記載された。

10 律令制下の農民負担

　口分田を班給された農民は，これによって最低生活を保障されたはずだっ

たが，実際には，調・庸・雑徭(これを課役と総称する)などの負担に苦しんだ。農民負担の主要な内容は以下のようになる。

要点

❶ 調　主に正丁(21〜60歳の成人男性)を対象とした人頭税。麻布2丈6尺をはじめとして地域の特産物を納める(中央財源)。

❷ 庸　主に正丁を対象とした人頭税。都での年10日の労役(歳役)にかえて麻布2丈6尺を納める(中央財源)。

❸ 租　口分田など田地を対象とした土地税。収穫の3％程度を稲で納める。租は，人頭税と性格が異なり，また負担は軽く積極的な財政機能も果たしていなかった(地方財源)。

❹ 雑徭　主に正丁を対象とした人頭税。年60日以内，国司のもとで土木事業などに従事する(地方財源)。

❺ 出挙(公出挙)　貸しつけられた稲の利息(利稲)を納める(地方財源)。出挙は，もともと勧農などを目的に地方豪族らが実施していたものだったが(私出挙)，律令制下では国家の租税として利稲は諸国の重要な財源とされた(公出挙)。

❻ 兵役　正丁を1戸(通常15〜20人前後で構成され正丁3〜4人を含む)につき1人の割合で兵士として徴発して各地の軍団に配属。軍団兵士から，防人(→九州の防衛)・衛士(→都の警備)が選抜された。白

区分	正丁 (21〜60歳の男性)	次丁(老丁) (61〜65歳の男性)	中男(少丁) (17〜20歳の男性)	備考
調	絹・絁・糸・布など郷土の産物の一種を一定量	正丁の1/2	正丁の1/4	ほかに正丁は染料などの調の副物を納入
庸	都の労役(歳役)10日にかえ，布2丈6尺(約8m)	正丁の1/2	なし	京・畿内はなし
租	田1段につき稲2束2把(収穫の約3％に当たる。田地にかかる租税)			
雑徭	地方での労役60日以下	正丁の1/2	正丁の1/4	のちに半減される

公民の税負担(養老令より)

村江での大敗以後の7世紀後半，唐・新羅の侵攻の可能性が危惧されるなかで組織された軍団制は，対外情勢の緊張を前提に全国から兵力を動員して大規模な国家間戦争に備える徴兵制軍隊だった。

❼ 運脚　運脚とは，調・庸を各地方から都へ徒歩で運搬した人夫をいう。

❽ 賤民　官有の賤民は陵戸・官戸・公奴婢(官奴婢)の3種類。私有の賤民は家人・私奴婢の2種類。

発展　律令制下の租税・労役

　律令制下の租税・労役制度を内容面から大別すると，(a)稲・粟などの穀物を徴収するもの(租・公出挙など)，(b)繊維品・手工業品など穀物以外の物産を徴収するもの(調・庸など)，(c)主に正丁の労働力・軍事力を直接徴発するもの(雑徭・兵役など)，という3系統に分類することができる。律令制下における租税・労役制度は，(a)・(b)で現物を徴収し，(c)で人民を徴発する，という体系的なシステムだった。

重要用語

□唐　□乙巳の変　□大化改新　□改新の詔　□白村江の戦い　□天智天皇
□庚午年籍　□壬申の乱　□天武天皇　□富本銭　□八色の姓
□飛鳥浄御原令　□藤原京　□大宝律令　□養老律令　□蔭位の制　□神祇官
□太政官　□八省　□公卿　□国・郡・里　□国府　□郡家　□大宰府
□七道　□口分田　□班田収授法　□良民　□賤民　□五色の賤　□戸籍
□計帳　□調・庸・雑徭　□租　□出挙　□軍団　□防人　□運脚

論述問題研究 ❷ ……… 7世紀後半の戸籍作成と律令国家の軍事体制

次の文章を読み，あとの設問に答えよ。

「天武天皇が，13年（684年）閏4月の詔で『政ノ要ハ軍事ナリ』とのべたとき，かれは国家について一つの真実を語ったのである。（中略）『政ノ要ハ軍事ナリ』の原則には，天武の個人的経験を越えた古代の国際的経験が集約されているとみるべきであろう。」

これは，古代国家の形成について，ある著名な歴史家が述べたものである。軍事力の建設の視点からみると，律令国家の支配や仕組みや，正丁3〜4人を標準として1戸を構成したことの意味がわかりやすい。

設問

7世紀後半の戸籍作成の進展と，律令国家の軍事体制の特色について，両者の関連，および背景となった「天武の個人的経験」「古代の国際的経験」をふまえて，210字以内で説明せよ。

（東大，1999年）

ヒント

問題の限定「両者の関連」にまで思考をおよぼすことが大切。戸籍作成と軍事体制にはどのような因果関係があったのかを明快に記したい。

MEMO

6 平城京の時代

1 遣唐使の派遣と新羅・渤海

中央集権的な国家体制が整えられるなかで，対外政策として重要だったのは遣唐使の派遣である。7～8世紀の東アジアでは，日本・新羅・渤海がそれぞれ唐に朝貢し，同時にこの3国は互いに使節を派遣した。

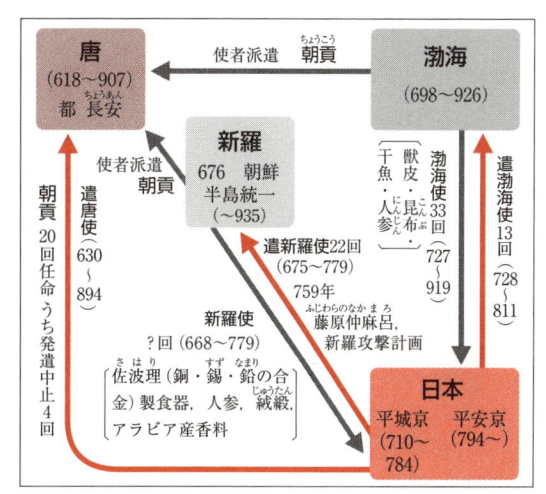

唐・新羅・渤海と日本の外交

要点

❶ **遣唐使の派遣** 630年に最初の**遣唐使**派遣。大規模な使節が派遣されたが，8世紀以降，新羅との関係悪化により，危険な南路(東シナ海を直接横断するルート)・南島路(帰路に利用，南西諸島を北上するルート)を航海した。

❷ **遣唐使に同行した留学生・留学僧** 奈良時代，**吉備真備・玄昉**らが政界で活躍した。

❸ **遣唐使と渡来僧** 帰国の遣唐使船に乗り，鑑真らが来日した。

❹ **新羅との関係** 676年，新羅が朝鮮半島を統一。日本とのあいだの使節往来は少なくなかったが，日本は新羅を従属国とあつかおうとし，次第に両国の関係は冷却化した。

❺ **渤海との関係** 渤海は7世紀末に建国。中国東北部に位置する。唐・新羅への対抗上，日本に使節を派遣した。日本はこれを朝貢の使節として歓待したが，次第に両国の関係は交易を中心とするものへと変化した。

まとめ 遣唐使船一覧

7世紀の遣唐使は，日唐関係の不安定さを反映してその派遣間隔はバラバラだったが，8世紀の遣唐使は，朝貢年期にしたがってほぼ20年の間隔で派遣されており，両国関係の安定をよく示すものになっている。

次数	出発年	大使などの中心人物	備考
1	630	犬上御田鍬	遣隋使同様，対等外交方針を維持したと考えられる
2	653		
3	654	高向玄理	玄理，唐で没する
4	659		
	663 白村江の戦い		唐・新羅の連合軍に大敗
5	665		白村江の戦いの戦後処理などに追われたと考えられる
6	667		
7	669		
	この間，30年以上にわたり唐との国交断絶		
8	702	粟田真人	唐に事実上朝貢。以後，8世紀を通じてほぼ定期的に遣使 僧の道慈や山上憶良らが随行
9	717		阿倍仲麻呂（唐で官吏として昇進し帰国せず）・吉備真備・玄昉らが随行
10	733		吉備真備・玄昉が帰国
11	(746)		中止
12	752	藤原清河	鑑真ら来日，大使の藤原清河らの船は難破，帰国に失敗
	755〜763 安禄山・史思明の乱		唐，衰退へ
13	759		
14	(761)		船破損，中止
15	(762)		中止
16	777		
17	779		
18	804		橘逸勢・空海・最澄らが随行し，帰国
19	838		円仁らが随行
20	(894)	菅原道真	中止，以降は遣使されず

注　遣唐使の派遣回数の数え方については諸説がある。

2 平城京の造営

平城京とは，唐の都**長安**をモデルにして，710年，元明天皇のときに奈良

盆地北端につくられた宮都をいう。以後，恭仁京・難波宮・紫香楽宮などに短期間遷都したことはあるが，784年の長岡京遷都まで，天皇8代の律令国家の首都として機能した(**奈良時代**)。

要点

❶ **平城京の構造** 平城京は，東西4.3km・南北4.8kmの長方形で，北側に北辺坊，東側に外京がはりだしている。中央北端に平城宮(宮城・大内裏)があり，宮の中央南端から南北に朱雀大路が貫通し，東側を左京，西側を右京という。

京域は東西南北に走る道路によって碁盤目状に整えられた街区をもち(**条坊制**)，条坊の区画は細分化されて官人などに支給された。京内には7万〜10万人がすんでいたと考えられ，左右両京には官営の**市**(東市・西市)が設けられた。

平城宮は官庁街にあたり，政務や国家的儀式の場である大極殿を中心とし，内裏(天皇の日常生活の場)もおかれた。

平城京

❷ **官道の整備** 都を中心に七道の諸地域へのびる官道(駅路)が整備された。官道には，一定距離(約16km)ごとに**駅家**がおかれ，公用の役人が利用した。また地方では，駅路と離れて郡家(郡衙)などを結ぶ道(伝路)が交通体系の網の目を構成した。

❸ **貨幣の鋳造** 7世紀後半の富本銭(日本最古の貨幣，→p.22)につづいて，708(和銅元)年に**和同開珎**が鋳造された。以後，律令

和同開珎

国家のシンボルとして，958年の乾元大宝まで合計12種類の銭貨(本朝十二銭＝皇朝十二銭)がつくられたが，その流通は限定的で本格化しなかった。

711年には，銭貨流通促進策として**蓄銭叙位令**が施行された。銭貨を集積(蓄銭)して上納した者には，位階別に銭貨の納入額に応じて新たに位階を与えることとしたが，その実態や効果についてはわかっていない。

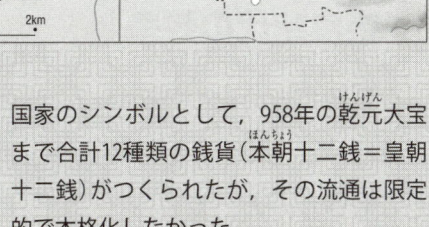

3 支配領域の拡大

国家体制の充実を背景に，政府は支配領域の拡大にも力を注いだ。

> 要点

❶ **日本海側の東北経営** 大化改新直後，唐の高句麗攻撃によって対外的緊張が高まったため，淳足柵・磐舟柵（いずれも新潟県）が設けられた。さらに7世紀後半に，阿倍比羅夫が蝦夷に対する征討事業を推進した。蝦夷とは，中央政府が名づけたもので，東北地方に居住し，内民化しない人々をさしていた。

また8世紀になると，出羽国（山形県・秋田県にほぼ相当）がおかれ，ついで秋田城も築造された。

❷ **太平洋側の東北経営** 聖武天皇が即位した724年に，多賀城（宮城県，現在の仙台平野に位置する）が設置された。多賀城は，鎮守府・国府として，蝦夷征討の軍事拠点であると同時に律令にもとづく支配の浸透を図る行政府的性格を強くもち，以後，太平洋側における東北経営の拠点として機能した。

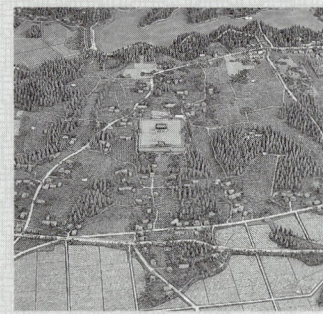

多賀城跡（復元模型）

❸ **九州南部への支配拡大** 南九州の隼人と呼ばれた人々の地域に大隅国がおかれ，また，種子島・屋久島など薩南諸島の島々も政府と交易するようになった。

4 奈良時代の政争

奈良時代政治史の特徴は，全体として，藤原氏と皇族出身者（＋僧侶）が，ほぼ10年ごとに中央政界で政権を担当し，そのなかで藤原氏の台頭が顕著になっていった点にある。

> 要点

❶ **710年代** 藤原不比等（鎌足の子）が政界の中心に位置し，養老律令を完成させる（718年）など律令制度の確立に尽力すると同時に，天皇家に接近した。
720年　不比等没。

❷ **720年代** 長屋王（天武天皇の孫）の政権成立。三世一身法（723年）などの諸政策を実施した。
729年　光明子（不比等の娘）立后問題をめぐって，長屋王は藤原4兄弟（藤原四子＝不比等の子たち）と対立し，自殺（長屋王の変）。

❸ **730年代** 藤原4兄弟（武智麻呂・房前・宇合・麻呂）が勢力を拡大。長屋王の変後，藤原4兄弟は光明子を聖武天皇の皇后（天皇の正妻）とすることに成功した。
737年　天然痘により藤原4兄弟没。

❹ **740年代** 橘諸兄（皇族出身者）が政権掌握。吉備真備・玄昉らが政界で重用されると，740年，吉備真備・玄昉の排除を求める藤原広嗣（式家，宇合の子）の乱が発生した。

以後，朝廷は動揺し，聖武天皇は遷都をくりかえした（恭仁京・難波宮・紫香楽宮）。また，**国分寺建立の詔**（741年），**大仏造立の詔**（743年，同年に墾田永年私財法も発令）をだし，仏教のもつ鎮護国家思想によって国家の安定を図ろうとした。

❺ 750年代 **藤原仲麻呂**（南家，武智麻呂の子）の勢力が伸張。749年に孝謙天皇（聖武天皇の娘）が即位し，これにより，その母光明皇太后（光明子）が権威を高めたため，仲麻呂が台頭した。橘奈良麻呂の変（757年）後，みずから擁立した淳仁天皇から恵美押勝の名を賜った。
760年　光明皇太后没。仲麻呂の権力弱体化（764年に恵美押勝の乱発生）。

❻ 760年代 **道鏡**が僧侶政治を展開。孝謙上皇（のち再び即位して称徳天皇）の信任により，道鏡は異例の出世を遂げた（太政大臣禅師から法王へ）。769年には，称徳天皇が道鏡に皇位を譲ろうとする事件も発生したが，この動きは和気清麻呂の行動で挫折した。
770年　称徳天皇没。道鏡左遷（下野薬師寺の別当として追放された）。

❼ 770年代 皇統，天智系へ。藤原百川（式家，宇合の子）らが**光仁天皇**（天智天皇の孫）を擁立し，混乱した律令政治の再建をめざした。

5　新しい土地政策

奈良時代，地域社会の様子に早くも変化が生じていた。

具体的には，重たすぎる人頭税負担（特に雑徭・兵役，運脚など）から逃れるため，農民の**浮浪・逃亡**（口分田の耕作を放棄して戸籍に登録された土地を離れること），さらに少しのちになると偽籍（戸籍に性別・年齢などを偽って記載すること）などの行為があいつぎ，そこに人口増も加わって口分田の荒廃や不足が重大な問題となったのである。

政府（橘諸兄政権）は，試行錯誤のすえ，743年，墾田永年私財法を発して**墾田の処理方法についての法を整備しようとしていった。**

要点

❶ **社会の様子**　農業面では鉄製農具が一段と普及し，生活面では竪穴住居にかわって平地式の**掘立柱住居**が次第に普及した。また婚姻形態では，男性が女性の家に通う**妻問婚**にはじまり，やがて夫婦で生活することが多かったと考えられる。

❷ **三世一身法**　**三世一身法**は，722年の百万町歩開墾計画を経て，723年に発布された（長屋王政権）。開墾地の保有を期限つきで認めるもので，具体的には，(a)新しい灌漑施設をともなう開発の場合→3世保有，(b)旧来の灌漑施設を利用した開発の場合→本人1代のみ保有，が許された。民間による耕地開発をめざす法令だったが，期限が

近づくと荒廃するなど十分な成果はあがらなかった。

❸ 墾田永年私財法の内容　墾田永年私財法では，開発した田の永久私有を承認。位階別に開墾面積が制限（500～10町）され，土地開発者として貴族・大寺院・地方豪族が想定された。日本の律令制には国家が墾田を把握する規定がなかったため，この点からみると，墾田永年私財法は律令に欠けていた土地支配の仕組みを補完する性格をもち，律令制を充実させる法令だったととらえることができる。

❹ 墾田永年私財法の変遷　のち，765年（道鏡政権下）に寺院と農民以外の開墾は一時禁止された（加墾禁止令）が，772年（光仁天皇の時代），ふたたび開墾とその永久私有が認められた。

6 初期荘園の形成と衰退

　貴族や大寺院は，競うようにして土地の開発を進めていった。これによって拡大した私有地のことを，初期荘園と呼んでいる。

　しかし，多くの初期荘園は，特定の荘民をもたず，国家機構やその地域の有力者（郡司）などに依存して労働力を確保したため，9世紀以降，郡司の後退・弱体化（→ p.40）とともに衰退していくことになった。

要点

❶ 初期荘園　墾田永年私財法などにもとづいて，貴族や大寺院が土地の開発，墾田の買収をおこなって獲得した，輸租（租を国家に納める義務があること）を原則とする荘園。開発は付近の農民を雇って進められ，そののちも賃租（農民に土地を貸して収益をあげること）と呼ばれる方法で経営された。

重要用語

□遣唐使　□吉備真備　□玄昉　□渤海　□平城京　□長安　□奈良時代
□条坊制　□市　□駅家　□和同開珎　□蓄銭叙位令，　□蝦夷　□多賀城
□隼人　□藤原不比等　□長屋王　□光明子　□聖武天皇　□橘諸兄
□国分寺建立の詔　□大仏造立の詔　□藤原仲麻呂　□道鏡　□光仁天皇
□浮浪・逃亡　□掘立柱住居　□妻問婚　□三世一身法　□墾田永年私財法
□初期荘園

MEMO

7. 天平文化（8世紀，聖武朝前後）

1 天平文化の特徴

天平文化はちょうど奈良時代にあたり，国際色豊かな貴族文化が様々な分野で開花した。国家仏教の発展も顕著だった。

2 史書

奈良時代には，天武天皇の時代にはじめられた国史編纂事業が『古事記』『日本書紀』として完成した。

要点

❶ 『古事記』 712年成立。「帝紀」「旧辞」にもとづく稗田阿礼の記憶を，太安万侶が筆録。天皇の代ごとに記述。

❷ 『日本書紀』 720年成立。舎人親王らが編纂。中国の歴史書にならい，編年体（年月順に記事を配列する叙述形式）で記述。
以後，奈良時代から平安時代にかけて漢文の正史が6点編纂され（『日本書紀』『続日本紀』『日本後紀』『続日本後紀』『日本文徳天皇実録』『日本三代実録』），六国史と総称される。

❸ 『風土記』 713年成立。『風土記』とは，諸国の風土・伝説・風俗などを記した地誌をいう。現存するのは常陸・出雲・播磨・肥前・豊後のもので，このうち出雲の『風土記』のみがほぼ完全なかたちで残っている。

3 文学と教育

律令国家における貴族たちには漢詩文の教養が求められ，また，日本古来の和歌も幅広い人々に支持された。

要点

❶ 『懐風藻』 『懐風藻』は現存最古の漢詩集。

❷ 『万葉集』 『万葉集』は現存最古の歌集。動詞「あり」に「蟻」の字をあてるなど，万葉がなが多用されている。

❸ 律令制下の大学と国学 律令制下の大学は官吏養成のための教育機関（式部省が管轄）。律令制下の国学は諸国に設置された地方教育機関で，学生は郡司の子弟などか

ら聡明な者が選ばれた。ただし，こうした機関に学んだからといって確実な出世が保証されたわけではなく，蔭位の制により，上級の官職はほぼ同じ範囲の貴族層から再生産されるシステムになっていた（→p.25）。

❹ 芸亭　石上宅嗣が開いた私設図書館。

4 仏教

奈良時代，仏教は国家の保護をうけて大きく発展した。

要点

❶ 南都六宗　南都六宗とは，仏教理論を研究する6つの集団（三論宗・成実宗・法相宗・俱舎宗・華厳宗・律宗）をいう。一寺院一宗派ではなく，たとえば東大寺には6宗がすべてそろっていた（六宗兼学）。なお，南都とは奈良の都（平城京）のことをさしている。

❷ 国家仏教の役割　律令国家は，統治の手段として仏教を活用した（国分寺建立の詔・大仏造立の詔）。国家の保護・統制をうける仏教には，仏教理論の研究を通じて国家安泰の要求に応えることが求められた（鎮護国家）。

❸ 行基　行基は，奈良時代，社会事業に尽力した法相宗の僧（668〜749年）。父は百済系の渡来人。薬師寺の僧になって土木技術の知識を学び，各地に橋や灌漑施設・道路などを建設し，また民衆への伝道にも努めた。彼を慕って従う者は1000人にも及んだとされ，当初，そうした行為は僧尼令（律令法典中の僧尼を統制する規定）違反として禁圧の対象とされたが，聖武天皇による大仏造立事業の勧進に起用された。745年には大僧正に任ぜられ，仏教界における最高の地位を占めた。

❹ 神仏習合　8世紀には。仏と神は本来同一であると考える神仏習合思想が成立した。

5 美術

奈良時代には，寺院・仏像など多くの美術作品が制作された。

要点

❶ 興福寺阿修羅像　3つの顔に6本の腕という異様な造形ながら，りりしい少年の顔をもつ。

❷ 薬師寺吉祥天像　吉祥天とは繁栄・幸運を象徴する神。唐風美人の姿を知ることができる。

❸ 塑像と乾漆像　仏像彫刻の分野では，以前からの金銅像・木像に加え，木を芯にし

て粘土で固める**塑像**（塑とは粘土のこと）と，原型を麻布と漆で塗り固める**乾漆像**の技法が発達した。

東大寺法華堂不空羂索観音

❹ **唐招提寺鑑真像** 唐僧**鑑真**をモデルにした現存最古の肖像。

❺ **「正倉院鳥毛立女屏風」** 唐風のファッションに身をつつんだ女性が描かれている。

❻ **正倉院螺鈿紫檀五絃琵琶** インドに起源をもつとされる五絃琵琶の唯一の遺品。

❼ **正倉院宝庫** 校倉造（柱を用いず三角形の木材を井の字形に組んで積みあげる建築様式）で高床式の構造をもち，そこには聖武天皇の遺品などが収蔵され，宝物約9000点が今日にまで伝えられた。現在では，正倉院宝庫（東大寺の付属施設）のある一画を**正倉院**と呼称している

正倉院宝庫

重要用語

□天平文化　□『古事記』　□『日本書紀』　□『風土記』　□『懐風藻』
□『万葉集』　□大学　□国学　□南都六宗　□鎮護国家　□行基　□神仏習合
□塑像　□乾漆像　□鑑真　□正倉院

MEMO

7．天平文化（8世紀，聖武朝前後）　37

8 平安朝廷の形成

1 桓武天皇の課題

　道鏡を排して即位した光仁天皇(天智系)の改革路線は，次の**桓武天皇**にひきつがれた。新都(**平安京**)の造営，東北経営の推進，律令体制の再建，が大きな課題になっていく。

要点

❶ **長岡京遷都**　桓武天皇は，即位3年後の784年，寺院など奈良の旧勢力を避け，水陸交通の要地に，天智系の新しい都をつくることを意図して，山背国**長岡京**への遷都を命じた。しかし，造営長官の藤原種継(式家，藤原宇合の孫で桓武天皇の腹心)が暗殺されるなど，造都事業は難航した。

❷ **平安京遷都**　長岡京は未完成のまま約10年で放棄されたものの，新都造営にかける天皇の意志は強く，794年，**平安京**への再遷都が実行された(**平安時代**の始まり)。その際，新たな都は新政への願いと期待をこめて平安京と命名され，王城の地となった「山背」の国名も「山城」と改められた。

❸ **東北経営の推進**　8世紀末，東北地方で蝦夷の大反乱が発生した。具体的には，光仁天皇の780年，帰順した蝦夷の豪族**伊治呰麻呂**が乱をおこし，それは一時，多賀城(→p.32)をおとしいれるほどの大規模な反乱に発展したのである。

　こののち，東北地方では30数年にわたって戦争があいつぎ(三十八年戦争)，桓武天皇の789年には紀古佐美を征東大使として大軍を進め，北上川中流の胆沢地方(岩手県奥州市付近)の蝦夷を制圧しようとしたが，族長阿弖流為の活躍により政府軍が大敗する事件もおこった。

　9世紀初頭，征夷大将軍**坂上田村麻呂**が阿弖流為を帰順させて反乱の鎮圧に成功した。**胆沢城**(北上川中流域)を築造して多賀城から鎮守府を移転し，さらに志波城(北上川上流域)を築造した。こうして東北地方は，ほぼ律令国家の支配下におかれることになった。

東北経営主要年表

大化改新後	647	淳足柵(新潟県)設置
	648	磐舟柵(新潟県)設置
	658〜660	阿倍比羅夫の蝦夷征討
奈良時代	712	出羽国の設置
	724	多賀城(宮城県)を築造し，陸奥国府と鎮守府をおく＝多賀城，蝦夷征討の根拠地に
平安時代初期	780	伊治呰麻呂の乱発生
	789	紀古佐美，征東大使となり，蝦夷征討，阿弖流為に大敗

平安時代初期	797 坂上田村麻呂，征夷大将軍となり蝦夷征討本格化
	802 胆沢城（岩手県）を築造し，鎮守府を移す
	803 志波城（岩手県）を築造
	811 文室綿麻呂の蝦夷征討

❹ **行政改革** 国司の不正を正すため**勘解由使**を設置。国司交替の際に，後任者が前任者にわたす書類（解由状）の審査を厳重にした。また，班田励行を図り，一紀（12年）一班とした。

❺ **軍制改革** 東北・九州地方以外の軍団制（→p.27）を廃止し，**治安維持を担う国衙の守備兵**として，新たに郡司の子弟などを**健児**とした（国家間戦争を想定した軍制から治安維持目的の軍制へ）。

❻ **軍事と造作をめぐる議論（「天下徳政相論」）** 桓武天皇が一貫して追求してきた対蝦夷戦争（軍事）と平安京造営事業（造作）は，一方で国家財政や民衆にとって大きな負担になった。805年，軍事と造作の可否を論じた「徳政相論」（徳政論争）を経て，ついにこの二大事業の中止が宣言された。

発展　都市空間の変質

平安京は，京都盆地の中央に位置し，東西約4.5km・南北約5.2kmの長方形（約2400ha）で，モデルとした唐の都長安（約8400ha）のほぼ3分の1にあたる。北部中央には南北約1.4km，東西約1.2kmの政庁や官庁を集めた宮城（大内裏）があり，その南面中央に朱雀門，そこからまっすぐに都の南端にある羅城門まで，朱雀大路（幅85m）が延びていた。

平安京は，平城京同様，朱雀大路を中心として南北・東西に走る大路によって碁盤目状に区画された条坊制が施行され，朱雀大路を境にして，その東側が左京，西側が右京と呼ばれた。ただし，こうした見事な左右対称形の都市計画は，プランどおりの整備が進められていったわけではなかった。遷都から30年ほどの歳月を経た時点の記録をみても「京中は惣じて580余町」とあり，これは想定される町数1136町の半分程度に過ぎなかった。

平安京

2　律令制の変容

桓武天皇の改革路線は，平城天皇・嵯峨天皇の時代にも政治の基調になった。嵯峨天皇は，征夷大将軍・勘解由使・蔵人頭・検非違使・関白など令に

規定されていない新しい官職(令外官)を設け，法令も編纂した。

> **要点**
>
> ❶ **平城太上天皇の変(薬子の変)** 嵯峨天皇は，即位直後の810年に，平城京に遷都しようとする兄の平城太上天皇と対立し，「二所朝廷」と呼ばれる政治的混乱に直面した。結局，嵯峨天皇側が迅速に兵を出して勝利を収め，平城太上天皇は出家，その寵愛をうけた藤原薬子(式家)は自殺し，薬子の兄藤原仲成(式家)は射殺された(平城太上天皇の変＝薬子の変)。
>
> ❷ **蔵人頭** 平城太上天皇の変の際に，機密事項をあつかう天皇の秘書官として藤原冬嗣(北家)らを**蔵人頭**に任命した。役所を蔵人所という。
>
> ❸ **検非違使** **検非違使**は平安京内の治安維持などを担当した。役所を検非違使庁という。
>
> ❹ **法令編纂** 嵯峨天皇のもとで，律令の規定を補足・修正する**格**と施行細則の**式**を分類・編集した弘仁格式が編纂された。のち貞観格式・延喜格式も編纂され，これらをあわせて**三代格式**という。
> また，833年には清原夏野らによって養老令の官撰注釈書である『令義解』が編纂された(→ p.24)。

3 社会の変化と直営田方式

律令制にもとづく地方支配システムは，8世紀後半に早くも新しい展開をみせた。

偽籍が増加するなど，庸・調などの人頭税を逃れようとする農民が続出する状況下で，富裕な農民層の台頭もみられるようになり，彼ら有力農民たちは，没落した農民の労働力を吸収して墾田を開発し，次第に独立した農業経営を発展させるようになっていった。また，次第に郡司は経済・軍事面で国司に従属する傾向を強め，9世紀後半以降には郡家の消滅も進行した。

こうした農民層の分解や郡司の後退・弱体化は，律令国家の支配にも重大な影響を与えざるをえなかった。政治的には，国家が直接に個々の人民を把握する律令制の原則の維持が困難となり，経済的には，庸・調の減少により国家財政が危機へと追いこまれていったのである。

政府は，(a)大宰府管内に設置された**公営田**，(b)畿内に設置された**官田**，といったかたちで，みずからが直営する田を設けて財源を確保しようとした。

> **要点**
>
> ❶ **直営田の種類** 公営田・官田以外に，勅旨田（皇室財政を支えるために設置された田地）・諸司田（諸官司の経費や官人の給与を賄うために官田を分割して与えられた田地）・賜田（天皇から特定の個人に与えられた田地）などがあった。
>
> ❷ **院宮王臣家** 院宮王臣家とは，平安時代初期に天皇権力と密接な関係を築いて勢力を強めた有力な皇族や貴族をさす。彼らは有力農民層を積極的に保護して土地を集積し，私的な土地・人民支配の拡大を図った。

重要用語

□桓武天皇　□長岡京　□平安京　□平安時代　□伊治呰麻呂
□坂上田村麻呂　□胆沢城　□勘解由使　□健児　□蔵人頭　□検非違使
□格　□式　□三代格式　□偽籍　□公営田　□官田　□勅旨田

論述問題研究❸………律令制下の軍事制度

次の(1)〜(5)の文章を読んで，あとの設問に答えなさい。

(1) 7世紀後半，筑紫に水城が築造され，西日本各地にも朝鮮式山城が建設された。この朝鮮式山城は，河内と大和の境にある山地の山頂にも設置されている。

(2) 軍団制下の兵士数は，一戸一兵士とした場合，約20万人になる。これは当時の総人口の3％程度にあたり，現在の日本（人口約1億2700万人）にあてはめると，380万人以上という規模だった。

(3) 藤原仲麻呂の時代には，船舶の総数394艘，兵士総数4万700人という規模の本格的な新羅征討計画が立案された。その準備の過程で，仲麻呂は新羅語の通訳の養成にも着手している。

(4) 唐の威信は，8世紀後半の安禄山・史思明の乱以降，低下していった。またこのころ新羅でも反乱が続発し，780年には国王が暗殺された。

(5) 健児は国ごとに20〜200人の規模で配備され，『延喜式』によれば，その定数は57国3964人だった。

設問

軍団制と健児制のもつ軍事組織としての性格の相違を，それぞれの組織が整えられた時期の対外的事情にもふれながら，150字以内で説明しなさい。

（東大型予想問題）

> **ヒント**
>
> 軍団制・健児制についての基本的な理解を前提にして，与えられた文章(1)〜(5)を正確に抽象化すれば，完璧な答案をまとめることができる。

8．平安朝廷の形成

9 弘仁・貞観文化（9世紀，桓武～嵯峨朝前後）

1 唐風文化

　平安時代初期には，唐風の儀礼が受容されて宮廷における儀式が整備された。また，文芸を国家の支柱に位置づける文章経国の思想が広まり，宮廷では漢文学がいっそう隆盛した。この時期の文化のことを，嵯峨・清和天皇の時の年号をとって弘仁・貞観文化という。

要点

❶ 学問の重視　文章経国の思想の広まりによって政策決定の根拠や指針に中国の古典・歴史の知識が求められたため，宮廷では，漢文学や儒教を学ぶ明経道，中国の歴史・文学を学ぶ紀伝道（文章道）が重んじられ，勅撰漢詩集（『凌雲集』『文華秀麗集』『経国集』）が編纂された。

有力な貴族は一族子弟の教育のために寄宿舎にあたる大学別曹を設け，また，菅原道真など学問の力で出世する文人官僚が登場した。

❷ 書道　唐風の書が広まり，嵯峨天皇・空海・橘逸勢は，のちに三筆と称せられた。

2 密教の登場

　律令体制の再建を図った桓武天皇は，平城京（南都）の寺院が新しい都に移転してくることを認めなかった。
　そこに，最澄（→天台宗）・空海（→真言宗）という二人の天才が登場する。彼らによって唐からもたらされた新しい仏教，特に密教が，この時期の文化に大きな影響を与えることになった。
　密教とは，理論研究を重視した南都六宗とは異なり，瞑想などの秘法により仏と一体化しようとする仏教のことをいう。国家安泰を祈る国家仏教であると同時に，加持祈禱により現世利益を図ったため，貴族たちに大変歓迎された。

> 要点

① **天台宗** 唐から最新の仏教を学んで帰国した最澄は，比叡山（近江）に**延暦寺**をたて南都の諸宗と激しく論争。天台宗の地位確立に努めた。天台宗は，最澄の弟子**円仁**（のち円仁の門流が山門派を形成，延暦寺）・**円珍**（のち円珍の門流が寺門派を形成，園城寺）のころから密教化。台密と呼ばれるようになった。

② **真言宗** 空海（唐風書道の名人三筆の一人）を開祖とする密教。東密（東寺の密教という意味）と呼ばれる。空海は，密教を学んで唐から帰国したのち，まず高野山（紀伊）に**金剛峰寺**を開き，さらに嵯峨天皇から京都の東寺を与えられ，ここを教王護国寺と名づけて真言宗の根本道場とした。
また，空海が設立した私立学校である綜芸種智院は，庶民にも門戸を開いたことで知られる。

3 神仏習合

すでに8世紀ごろから，**神宮寺**（神社境内の寺院）や寺院境内の鎮守（守護神）といった神仏習合（→p.36）の風潮がみられたが，平安時代になると，この傾向はさらに広まっていった。神前で仏教の経巻を読む神前読経や山中で修行する**修験道**，御霊信仰（怨霊などを鎮めて平穏を得ようとする信仰）にもとづいて不遇の死を遂げた貴人などを祀った御霊会なども，神仏習合を示す具体例である。

4 密教美術

天台・真言両宗の隆盛にともなって，神秘的な**密教芸術**が新たに発展した。

> 要点

① **室生寺弥勒堂釈迦如来坐像** **一木造**で翻波式（衣に重量感をだすための彫刻技法）の表現がみられる。また室生寺の背後に山が迫ってきていることからも，山林修行を重んじた密教寺院の特徴をつかむことができる。

② **観心寺如意輪観音像** 一木造。神秘的な雰囲気を漂わせている姿から，密教のもった魅力を感じとることができる。

観心寺如意輪観音像

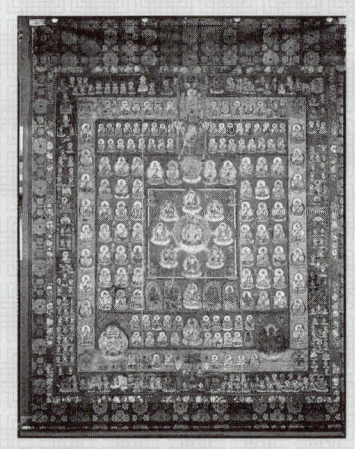

❸ 曼荼羅　曼荼羅（「荼」の字に注意）とは、サンスクリットのmandalaの音訳で、密教の悟りの境地を特異な構図で説明した図像をいう。

教王護国寺両界曼荼羅

重要用語

□文章経国　□弘仁・貞観文化　□大学別曹　□三筆　□最澄　□天台宗
□空海　□真言宗　□密教　□加持祈禱　□延暦寺　□円仁　□円珍
□金剛峰寺　□神宮寺　□修験道　□密教芸術　□一木造　□曼荼羅

MEMO

10. 貴族政治の展開

1 藤原北家の台頭

　平安時代になると，藤原氏，なかでも北家（藤原房前とその子孫の家系）が勢力を拡大していった。

　その第一の手段が，天皇家と深く結びつくこと。天皇家と藤原氏は，藤原氏が一族の娘を天皇の皇后や皇太子妃とする外戚政策，つまり天皇家の母方の親族となることで，血縁関係を強めていった。第二の手段は，ライバルとなる貴族を追い落とすこと。いわゆる藤原氏よる他氏排斥政策になる。

要点

❶ **藤原冬嗣の活躍**
　810　平城太上天皇の変（薬子の変，→式家没落，p.40）の際に，藤原冬嗣が蔵人頭に就任。

❷ **藤原良房の摂政就任**
　842　承和の変により，伴（大伴）健岑・橘逸勢らの排斥に成功。
　858　清和天皇が幼少で即位すると，藤原良房，天皇の外祖父（母方の祖父）として事実上の摂政（幼少の天皇にかわって政務を代行する職）に。
　866　応天門の変により，伴善男らの排斥に成功。良房，正式の摂政に。

❸ **藤原基経の関白就任**
　884　光孝天皇の即位に際し，藤原基経，事実上の関白（成人後の天皇を後見する職）に。
　887　宇多天皇の即位に際し，基経，正式の関白に就任。
　888　藤原基経，宇多天皇が即位にあたって出した勅書（「阿衡に任ず」）に抗議して，これを撤回させ，政界における実力を誇示（阿衡の紛議）。

2 国際関係の変化

　894年，菅原道真は宇多天皇に遣唐使の廃止を建議した。

　9世紀になると，唐や新羅からの商人来航が日常化し，大陸への渡航をわざわざ試みなくても，唐の文物や東アジア情勢の情報を国内で入手できるようになった。また，留学僧の商船便乗もおこなわれ，この点でも遣唐使という公式使節を派遣する必要性は低下した。

さらに，唐の衰退が顕著だったことに加えて，平安時代になると，日本の政治や行政の水準も，現状を律令体制に強引に合致させるのではなく，日本の現実・体質に適合的な体制を整えていく地点に到達した。国外・国内の両面で，唐の制度を導入する意義はすでに失われていたのである。

要点

❶ **五代十国(907〜979年)** 唐の滅亡(907年)から**宋**(北宋)による中国統一まで，華北では5王朝が交代し，その他の地方でも10あまりの国が興亡をくりかえした。

❷ **北宋と南宋(960〜1279年)** 金(女真人の国，1115〜1234年)に圧迫されて北宋は滅亡(1127年)。以後，都を南部に移して南宋が存続した。

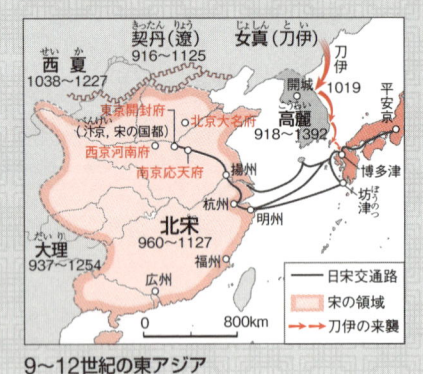

❸ **日宋貿易** 日本が朝貢関係の成立に積極的ではなかったこともあり，正式な国交は開かれなかったが，宋の商船は博多などに盛んに来航。とりわけ11世紀後半に活発化した。

❹ **渤海・新羅の滅亡** 10世紀前半，**契丹**(遼，916〜1125年)により渤海が滅亡し，さらに**高麗**(918〜1392年)が新羅を滅ぼして朝鮮半島を統一した。日本は契丹・高麗両国との正式な国交を開こうとしなかった。

9〜12世紀の東アジア

3 宮廷貴族社会の成立

10世紀の前半を中心とする一時期，摂政・関白がおかれず，のちに「**延喜・天暦の治**」と呼ばれ，天皇親政の時代として理想化された。天皇の名前をあげると，**醍醐天皇**(→延喜の治)・村上天皇(→天暦の治)になる。

ただし，この時期は，必ずしも天皇親政の理想的時代というわけではない。むしろ，藤原北家の勢力はますます無視できないものとなり，また，社会も大きく変化していくことになった。

> 要点

❶ **宇多天皇の政治**
　891　藤原基経の死後，摂関をおかず菅原道真を蔵人頭に抜擢した。
　894　菅原道真の建議により，遣唐使を廃止(→p.45)。これにより，中国との公的な関係は断絶したが，大陸商人の来航などにより，文物の交流・民間の交易は盛んにおこなわれた。

❷ **延喜の治(醍醐天皇，在位897〜930年)**
　901　藤原時平の陰謀により，右大臣菅原道真，大宰権帥に左遷。
　902　延喜の荘園整理令発令。班田を実施(最後の班田)。
　　　また，この時期には，六国史(『日本三代実録』)や格式(『延喜格式』)が編纂されたが，修史・法令の編纂事業はいずれもこれで最後になり，律令体制の衰退を象徴する出来事があいついだ。

❸ **武士による本格的な反乱発生**
　939〜41　天慶の乱発生。関東地方と瀬戸内海で，同時期に大規模な武装反乱が起こった(→p.56)。

❹ **天暦の治(村上天皇，在位946〜967年)**
　958　乾元大宝を鋳造(最後の本朝十二銭＝皇朝十二銭)。乾元大宝は，本朝十二銭の最後であるだけでなく，律令国家としての最後の事業。

❺ **安和の変**
　969　安和の変発生。左大臣源高明(醍醐天皇の子)が藤原氏の策謀で左遷された(摂関政治の全盛期へ)。

4 摂関政治

摂関政治とは，おもに，10世紀後半(969年の安和の変)から11世紀半ば(1069年の延久の荘園整理令，→p.60)にかけて，とりわけ**藤原道長・藤原頼通**父子の時代をさす。

> 要点

❶ **摂関政治の条件**　娘を皇后や皇太子妃とし，天皇との外戚関係を築くこと。

❷ **藤原氏への権力と富の集中**　大きな権力をもつ藤原氏(摂関家)は役人の任免権を掌握。このため，国司など利益が手にはいる職に就くことを望む中・下級貴族からの貢納物も，藤原氏(摂関家)に集中した。

❸ **国政のあり方**　政治は次第に先例・儀式を重んじるものになるが，国政上の重要問題は陣定と呼ばれる公卿(→p.25)会議で審議された。有力貴族による合議が重視され，これによって国家の意思が事実上決定されたという点で，摂関期の政治のあり方(陣定)は，律令制下における政治のあり方(太政官での審議)と基本的に変わらなかった。一方で日本の貴族社会は，大陸文化の吸収・消化を土台にしながら多様な独自性を発揮しうる段階に到達し，みずからの風土や嗜好に適合した国風文化を開花させることになる。

重要用語

□藤原氏　□北家　□外戚　□藤原良房　□摂政　□藤原基経　□関白
□菅原道真　□宋　□契丹　□高麗　□「延喜・天暦の治」　□醍醐天皇
□安和の変　□摂関政治　□藤原道長　□藤原頼通　□摂関家

MEMO

11 ── 国風文化（10世紀～11世紀，摂関政治前後）

1 国風文化の特徴

国風文化の時期になると，日本の貴族社会は，中国文化の吸収に終始するのではなく，そこに**独自性を付加する**ことができるようになる。国風文化を代表する**かな文字**（**平がな**・**片かな**）が漢字を簡略化したものであることからもわかるように，新しい文化は，中国文明の巨大な影響の上に育っていった。

要点

❶ **和歌とかな物語**　最初の勅撰和歌集である『**古今和歌集**』（紀貫之ら）が編集され，国文学史上における最高の傑作とされる『**源氏物語**』（紫式部）や『**枕草子**』（清少納言）などが生まれた。

❷ **書道**　優美な曲線を特徴とする**和様**が発達し，小野道風・藤原佐理・藤原行成は**三跡（蹟）**と呼ばれた。

❸ **貴族の住宅**　貴族の住宅は**寝殿造**と呼ばれる日本風のものになり，建物内部の襖（障子）や屛風には日本の風物を題材にした**大和絵**が描かれた。屋内の調度品にも，日本独自の発達をみせた**蒔絵**（金銀の粉を蒔いて漆器に文様を描く技法）や**螺鈿**（貝殻の真珠色に光る部分を加工して漆器などに埋め込む技法）が多く用いられた。

寝殿造

❹ **貴族の正装**　男性の正装は**束帯**やそれを簡略にした**衣冠**，女性の正装は**女房装束**（十二単）。これらは唐風の服装を和風に改めたもので，文様や配色などに日本風の趣向がこらされた。

束帯・女房装束

❺ **貴族の生活**　成人年齢は10～15歳くらいとみなされ，男性は**元服**，女性は裳着の式をあげた。また，貴族の宮廷生活における各種の行事は**年中行事**として編成されて発達したが，彼らの日常は，**物忌**（災いを避けるための一種の謹慎行為）や**方違**（凶の方角を避けて行動する呪術的風習）に示されるように吉凶にもとづく制約の多いものだった。

2 浄土教の隆盛

仏教面では、来世において極楽浄土へ往生することを願う浄土教の隆盛が国風化の具体例になる。

要点

❶ **末法思想** 末法思想とは、釈迦の死後の時代を区分し、時代がくだって末法になると世の中が乱れると考える仏教的歴史観をいう。日本では1052年から末法の世に突入すると解釈され、それが律令体制の動揺やあいつぐ戦乱などの現実と結びついて説得力をもったため、当時の貴族たちは浄土への信仰を募らせることになった。

❷ **浄土教の流行** 民間への布教をおこない、「市聖」と呼ばれた空也、『往生要集』（極楽と地獄の様子を描き、浄土にいたるための具体的な方法を示した書物）をまとめた源信（恵心僧都）、などが登場した。

❸ **阿弥陀堂** 浄土への救済を願う場として貴族たちが建立。法成寺（藤原道長）・平等院鳳凰堂（藤原頼通）などがあり、仏師定朝は、寄木造の技法を完成して仏像の大量需要に応えた。また、堂の内部には来迎図（往生を願う人の臨終の際に仏が迎えにくる様子を描いた絵画）も多数描かれた。

法成寺は御堂ともいい、ここから藤原道長の残した日記は『御堂関白記』と呼称されるようになった。

平等院鳳凰堂

❹ **寄木造** 寄木造は、巨木を必要とせず木材確保が容易で分業も可能であり、さらに軽量で移動にも適していた。

3 神仏習合の進展

神仏習合（→ p.36）がいっそう進展し、神と仏の関係を合理的・論理的に説明しようとする動きも登場した。

要点

❶ **本地垂迹説** 本地垂迹説とは、天照大神は大日如来の化身であるというように、本地である仏が衆生を救済するために仮に形を変えて姿を現した（垂迹した）のが日本固有の神々であるという考え方（権現思想）をいう。平安時代中期以降に一般化した。

❷ 御霊会 御霊信仰(→p.43)の広がりを背景に，御霊会(不遇の死を遂げた貴人などの霊を鎮魂する祭事の総称)も盛んに催された。

重要用語

□国風文化　□かな文字(平がな・片かな)　□『古今和歌集』　□『源氏物語』
□『枕草子』　□和様　□三跡　□寝殿造　□大和絵　□蒔絵　□螺鈿　□束帯
□衣冠　□女房装束　□元服　□年中行事　□物忌　□方違　□浄土教
□末法思想　□空也　□源信　□法成寺　□平等院鳳凰堂　□定朝　□寄木造
□来迎図　□『御堂関白記』　□本地垂迹説　□御霊会

MEMO

12　荘園公領制の成立

1　地方支配の大転換

　平安時代初期にあたる9世紀の時期には，直営田方式（→ p.40）が採用される一方で，律令にもとづく人民支配の根幹となる戸籍の作成は，形式的には六年一造の体制が一応継続された。しかし902年，**延喜の荘園整理令**など一連の律令制再建策が打ちだされると，その実施過程で，もはや律令制の原則にもとづく財政運営は不可能であることが明白になった。

　まもなく政府は，郡司など在地有力者の力に依存してきた律令制的地方支配のあり方を大きく転換することを余儀なくされた。

要点

❶ 転換の内容　受領（任国に赴任した国司のなかで最上位の者をさす呼称）の権限を強化して，彼らに，一定の租税を政府に納入することを義務づける代わりに，**一国内の徴税と行政**を全面的にまかせ，その支配のもとで，個々の土地には徴税請負人を定める方式が採用された。

❷ 徴税方式の変化　成人男性を対象に人頭税を徴収する方式から，有力農民層（**田堵**）が耕作と徴税を請け負う**土地課税方式**へと変化した。田堵層のなかからは，土地を大規模に耕作して大名田堵と呼ばれる者もあらわれた。

❸ 負名体制　受領が公領を名（徴税・土地経営の単位となる田地）に編成し，その田地の耕作を請け負わせた田堵を**負名**として把握するかたちが採用されたため，これを負名体制と呼んでいる。負名体制のもとで，受領は一国内の支配にあたり，従来の律令制的な支配原理に拘束されることなく，負名の請作面積に応じて，官物（米などが中心），臨時雑役（雑多な負担の総称）を賦課できるようになった。

2　国司の任国支配

　負名体制の成立により，国司の職は，現地で必要以上に土地税をとることに成功すれば利益が手にはいる，という性格を強めた。この魅力に，多くの中・下級貴族がひきつけられていった。

　こうしたなかで，**成功**（私財などを提供するかわりに国司などの官職を得

ること)や**重任**(私財などの提供により任期満了後も同じ官職に再任されること)が広がりをみせた。受領のなかからは，「**尾張国郡司百姓等解**」(988年，国司の苛政に対する上訴の一つ)で非法を訴えられた尾張守藤原元命や，『今昔物語集』に強欲さを記録された信濃守藤原陳忠の例に示されるように，私的な富の蓄財に邁進する者も登場する。やがて，現地に赴任せず，代わりに国衙(国司の政庁)に国務を統括する能力をもつ**目代**(国司の私的な代理人)を派遣して収入を得る**遙任**国司が増えていった。

> **発展 受領と目代**
>
> ❶ **国司の四等官** 律令は，国の等級(大・上・中・下)に応じて，諸国の政務を担当する国司である守・介・掾・目(四等官)の定員や史生(書記などを担当する下級官人)の人数を定めていた。
>
> ❷ **受領の地位** 受領はもともと官人相互の事務引き継ぎを意味する言葉だったが，地方行政のあり方が変化した10世紀以降，任国に赴任した国司の中で最上位の者をさす呼称として定着していった。したがって通常，国司四等官における守，守を欠く場合は介が受領となる。
>
> ❸ **目代の登場** 10世紀後半ごろの段階では，受領の腹心として任国に赴任して国務を統括するタイプの目代が多かった。やがて11世紀後半になると，受領も交替時以外は任国に赴かなくなり，留守所に派遣された目代が在庁官人(国衙行政を世襲的に担当した現地役人の総称)を指揮して統治にあたるようになる。
>
> ❹ **目代の選定基準** 目代は国衙行政のエキスパートである必要があった。実際に，政務の参考にするための模範文例集として編纂された『朝野群載』という書物にも，目代は「貴賤を論ぜず，唯だ堪能の人」を採用すべきで，そうでない者を目代にして「事畢るの後，首を掻きても益なし」，と記されている。

3 田堵の動向

では，**寄進地系荘園**はどのように形成されたのだろうか。現地の有力農民＝大名田堵たちの動きを追ってみることにする。

> **要点**
>
> ❶ **大名田堵の行動** 10世紀後半ごろから，大名田堵たちは積極的に土地の開発に従事した。結果として一定地域の支配に成功すると，彼らは，**開発領主**と呼ばれるようになった。
>
> ❷ **開発領主の行動** 開発領主層は，国司の激しい徴税攻勢に対抗するため，中央の権力者(権門勢家)に土地からの収益権(職)を

寄進して保護を求める動きを強めていった。

4 寄進地系荘園

　現地の有力農民(大名田堵)のなかで，所領にかかる税の負担をのがれるために，自分の土地を有力な貴族や寺社に寄進し，自身はその管理者となる形が生まれた。

　こうして成立した荘園のことを寄進地系荘園という。そこでは，**本家―領家―荘官**(預所・下司・公文など)という重層的な支配体系が形成され，また，**不輸・不入**の権の拡大により，荘園は土地・人民が私的に支配される領域になっていった。

要点

❶ **不輸の権** 国家への租税が免除される権利。太政官符・民部省符によって不輸を許可された荘園を**官省符荘**といい，国司によって不輸を許可された荘園を**国免荘**という。

❷ **不入の権** 国司の派遣する検田使の立入りを拒否するなど，公的権力の介入を拒絶できる権利。

発展　荘園制下の収取の特徴

荘園制下の収取の特徴は，以下のようにまとめられる。

❶ **年貢・公事・夫役**　荘園制下の収取の基本は，年貢・公事・夫役などに大別される。租の系譜をひき，負担の比重を増大させた年貢は，田地を賦課基準とする土地税で，米・絹などで納入された。公事は特産品・手工業品などを上納する雑税をいい，夫役は年貢の運搬・土木工事など労働力の提供を意味する負担だった。

❷ **複雑・多様な負担**　荘園制下の収取は，律令制の変質過程で生みだされたものであったため，統一的・国家的な基準を有してはいなかった。収取の内容や負担の割合は，荘園の形成・確立過程における事情の違いや地域の特性などにより複雑・多様な様相を呈し，塩が年貢となる例があるなど個性的ともいえる特質を備えていた。

荘園の絵図（神護寺領紀伊国桛田荘）

重要用語

□延喜の荘園整理令　□受領　□田堵　□名　□負名　□成功　□重任
□「尾張国郡司百姓等解」　□目代　□遙任　□寄進地系荘園　□開発領主
□本家　□領家　□荘官　□不輸・不入　□官省符荘　□国免荘

MEMO

12. 荘園公領制の成立

13 — 武士の成長

1 武士団の形成

社会全体が無秩序になっていけば，大切なものを守るために直接的な力（→武力）がものをいう時代がやってくる，というのは，それほどむずかしい話ではない。武装化した人々（**武士・兵**）が集団化し，戦闘行為が日常化するのに，それほど時間はかからなかった（**武士団**の形成）。

地方や中央で成長した中小の武士団は，貴族の血筋をひく者を自分たちの**棟梁**（集団の統率者）として，より大きな集団（**武家**）に成長していった。

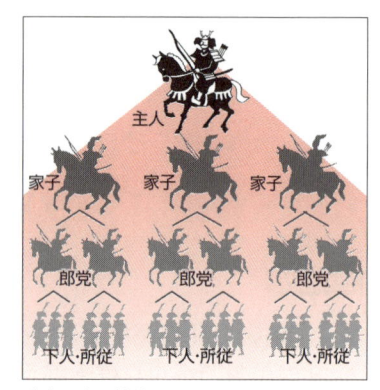

武士の家の構造

要点

❶ **武士の家の構造** 武士の家は，主人を中心に家子などの一族や郎党などの従者が結集して形成された。

❷ **朝廷・貴族と武士** 朝廷や貴族たちは，9世紀末に宮中の警備にあたる**滝口の武者（武士）**を設置したり，貴族を護衛させたりするなど，武士を**侍**として奉仕させた。また地方でも，武士はしばしば国衙の軍事力として組織され，追捕使・押領使に任命されるなど，治安の維持に欠かせない存在になっていった。

❸ **桓武平氏** 桓武平氏は桓武天皇を祖とする平氏の一族。東国に土着して成長した。

❹ **清和源氏** 清和源氏は清和天皇を祖とする源氏の一族。摂関家に仕え，畿内で成長した。

2 天慶の乱（939〜41年）

10世紀前半，東国と西国でほぼ時を同じくして武士の大規模な反乱が発生し，朝廷に大きな衝撃を与えた（**天慶の乱**，承平・天慶の乱ともいう）。

> **要点**

❶ **平将門の乱** 935年以来の平氏一族の内紛などが拡大。**平将門**が一時，関東一帯を占領し，新皇と称するにいたったが，平貞盛・藤原秀郷らに鎮圧された。

❷ **藤原純友の乱** **藤原純友**（もと伊予の国司）が瀬戸内海の海賊を率いて反乱。大宰府などが攻略されたが，源経基（清和源氏の祖）らに鎮圧された。

3 東国での源氏の成長

11世紀になると，東国に源氏が進出した。源頼義・義家は東国の武士を率い，安倍氏を滅ぼし，清原氏一族の争いをしずめ，こうした戦いの中で源氏に対する東国武士の信頼が高まった。

> **要点**

❶ **平忠常の乱（1028～31年）** **平忠常の乱**では，房総半島一帯に反乱を拡大させた平忠常が，朝廷から派遣された源頼信に戦わずして降伏した。以後，源氏が東国に進出していくことになる。

❷ **前九年合戦（1051～62年）** 陸奥の豪族安倍氏の反乱を，源頼義（頼信の子）・義家父子が出羽の豪族清原氏の援助をうけて鎮定した。この**前九年合戦**の結果，源氏の東国進出が決定的になった。

❸ **後三年合戦（1083～87年）** 清原氏の内紛を，源義家が藤原（清原）清衡を援助して鎮定した。この**後三年合戦**の結果，源氏が東国武士団の棟梁としての地位を確立する一方で，以後，平泉を拠点にした奥州藤原氏（清衡─基衡─秀衡）が北方との交易で莫大な富を築いて繁栄した。

一方，中央ではこの時期に院政（→p.61）が開始されている。

❹ **源義親の乱（1108年）** 配流された源義親が出雲で乱をおこしたが，平正盛（平清盛の祖父）に追討された。この反乱は，桓武平氏のうち伊勢・伊賀を地盤とする伊勢平氏が台頭する契機になった。

重要用語

□武士・兵　□武士団　□棟梁　□武家　□滝口の武者（武士）　□侍
□桓武平氏　□清和源氏　□天慶の乱　□平将門　□藤原純友　□平忠常の乱
□前九年合戦　□後三年合戦

MEMO

論述問題研究❹……… 摂関期における中下級貴族

次の(1)～(4)の文章を読んで、あとの設問に答えなさい。

(1) 大宝律令の完成により官僚制が整備され、官人たちは位階や官職に応じて給与を得た。地方には中央から貴族が国司として派遣され、『万葉集』には、上級貴族の家柄である大伴家持が、越中守として任地で詠んだ和歌がみえる。

(2) 10世紀には、地方支配のあり方や、官人の昇進と給与の仕組みが変質し、中下級貴族は収入の多い地方官になることを望んだ。特定の中央官職で一定の勤続年数に達すると、国司(受領)に任じられる慣例も生まれた。

(3) 藤原道長の日記には、諸国の受領たちからの贈り物が度々みえるが、彼らは摂関家などに家司(家の経営にあたる職員)として仕えた。豊かな国々の受領は、このような家司がほぼ独占的に任じられ、その手元には多くの富が蓄えられた。

(4) 清和源氏の源満仲と子息の頼光・頼信は摂関家に侍として仕え、その警護にあたるとともに、受領にも任じられて物資を提供した。頼信が平忠常の乱を制圧したことなどから、やがて東国に源氏の勢力が広まっていった。

設問

10・11世紀の摂関政治期、中下級貴族は上級貴族とどのような関係を結ぶようになったのか。その背景の奈良時代からの変化にもふれながら、180字以内で述べなさい。

(東大,2010年度)

ヒント

文章(1)・(2)から、奈良時代～摂関政治期における国司制度の変化を読みとり、文章(2)～(4)を活用しながら、摂関期における中下級貴族と上級貴族の「関係」性を明示していくことになる。上級貴族への奉仕と任官・富の蓄積とが表裏の関係にあることを正確に説明したい。

MEMO

MEMO

第2章 中世

1 院政と平氏政権

1 後三条天皇の登場と延久の荘園整理令

　藤原頼通の娘には皇子が生まれなかったため，1068年に藤原氏の娘を生母としない**後三条天皇**が即位した。中央政界で長く続いた摂関政治も，ついに終わりを迎えることになる。

　後三条天皇は，摂関家の意向を気にすることなく，大江匡房ら学識にすぐれた人材を登用するなど意欲的な姿勢で国政の改革にとりくんでいった。その代表的な政策が，**延久の荘園整理令**（1069年）である。

> **要点**
>
> ❶ **延久の荘園整理令の内容** 後三条天皇は，新しい荘園や証拠書類に不備がある荘園などの整理を命じた。さらに，荘園の証拠書類（券契）を厳密に審査するため，**記録荘園券契所**（記録所）を新設した。
>
> ❷ **延久の荘園整理令の効果** 摂関家に寄進された荘園も例外ではなく，荘園の整理にかなりの効果をあげたと考えられる。石清水八幡宮領では，荘園34カ所中13カ所の権利が停止された。
>
> ❸ **枡の公定** 後三条天皇は荘園整理令を出すとともに，枡の大きさを一定にした（宣旨枡）。これは枡の基準として太閤検地のころまで用いられた。

2 荘園公領制の特徴

　12世紀になると，一国内の様子は，**国司の私領と化した公領**（郡・郷・保などと呼ばれる単位が並立）と，**公的権力を排除する寄進地系荘園**（荘・郡・郷などと呼ばれる単位が並立）とが併存する状態（**荘園公領制**）が広がっていった。

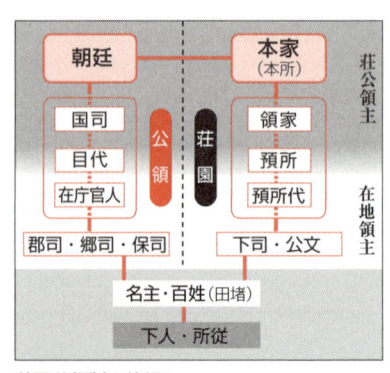

荘園公領制の仕組み

要点

❶ **公領** 注意しておくべきことは，(a)公領は**国衙領**ともいうこと，(b)公領を管理した在庁官人，荘園を管理した荘官，ともに開発領主層出身であることが多かったこと，の2点である。

❷ **名主** 負名体制（→p.52）のもとで田堵は名の請負人としての立場を強め，**名主**と呼ばれるようになる。名田経営を担った名主は，配下の百姓らから徴収した**年貢・公事・夫役**（→p.54）を国司や荘園領主に納入した。

3 院政

後三条天皇につづいて即位した**白河天皇**は，1086年に譲位して**上皇**（**院**）となり，**院政**を開始した。

この11世紀後半からの約70年間（白河・鳥羽上皇，1086～1156年），上皇が政治の中心に位置した院政時代が続き（前期院政），以後も院政そのものは1221年の承久の乱までほぼ継続した（後白河・後鳥羽上皇，後期院政）。

要点

❶ **院政の条件** 天皇の父・祖父にあたる父方の上皇（出家した場合は**法皇**，いずれも譲位した天皇のこと）であること。

❷ **専制的な統治** 院政は**直接的な父権にもとづく政治形態**であり，そこでは専制的な統治が可能になった。具体的には，**院宣**（上皇の命令を伝える文書）や**院庁下文**（上皇の家政機関である院庁が下した文書）などを発し，さらに要職に**院近臣**を送りこみ，従来の国家機構に背後から働きかけをおこなうことで国政を動かしたと考えられている。

❸ **仏教の重視** 院政期には，受領の奉仕や売位・売官の風潮が一段と広がるなかで，天皇家による造寺・造仏や，院や貴族による**熊野詣・高野詣**が盛んにおこなわれ，仏教を重んじる傾向が強まった。たとえば，京都の白河付近には「勝」の字のつく6寺が造営され（**六勝寺**），特に白河天皇が造立した法勝寺は「国王の氏寺」と形容された。

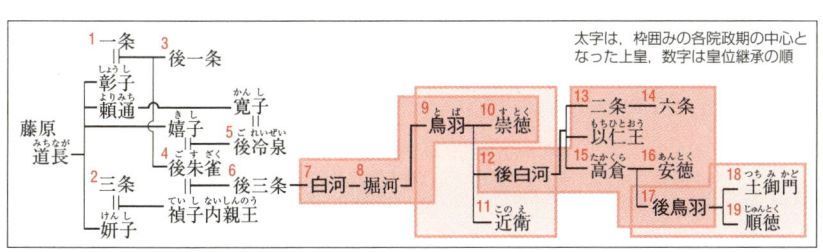

院政関係略系図

1. 院政と平氏政権

4 院政期の社会

　院政期には，法や慣例にもとづかず，上皇を中心とする勢力によって専制的な権力が行使された。このため，武力による争いの解決が一般化し，院の軍事力として北面の武士（上皇の身辺警護のために組織された武士団）もおかれた。それは必然的に，古代国家の崩壊と中世武士社会の到来をうながしていくことになった。

> **要点**
>
> ❶ **僧兵の強訴**　法によらず実力で争うという社会的風潮のなかで，下級の僧侶などを組織して武器をもたせ，みずからの要求をかかげて朝廷に訴えでる動きが活発化した。興福寺（南都）の僧兵（奈良法師）は春日神社の神木の榊をささげて京都に入って強訴し，延暦寺（北嶺）の僧兵（山法師）は日吉神社の神輿をかついで強訴した。
>
> ❷ **知行国制と荘園**　知行国制とは，皇族や上級貴族らを知行国主に任命して，その国の国守（国司の長官＝受領，→p.52）の人選権と収益の大半を与える制度をいう。上皇自身が収益権を握る知行国を院分国という。知行国主は，子弟や近親者を国守に任命し，現地には目代を派遣して一国の支配を担当させた。
>
> 　また，この知行国からの収益と院に集中した寄進地系荘園が，院政を支える経済基盤になった。鳥羽法皇が皇女八条院に伝えた荘園群（八条院領）は平安時代末に約100カ所，後白河法皇が長講堂に寄進した荘園群（長講堂領）は鎌倉時代初めに約90カ所にのぼる。

5 京都を舞台とする内乱

　こうして武士の存在感がますます強まるなかで，12世紀には，保元の乱（1156年），平治の乱（1159年）があいついで発生した。この京都を舞台とする内乱の結果，伊勢平氏（→p.57）の勢力が飛躍的に伸長し，平氏政権（六波羅政権）が成立する。

> **要点**
>
> ❶ **保元の乱（1156年）**　保元の乱は，鳥羽法皇の死を契機に発生した。皇室や摂関家の内紛に源平の武力が動員され，源平の武力によって内紛が解決された。勝者は，後白

河天皇・平清盛・源 義朝ら。その後，後白河天皇が院政を開始し，また平清盛と源義朝の対立が深まった。

❷ 平治の乱(1159年) 平治の乱は，平清盛・源義朝の対立に，院近臣間の対立がからんだ戦い。勝者になって武家の棟梁としての地位を確立した清盛は，勢力を増大させて平氏政権を成立させた。

❸ 藤原通憲(信西) 藤原通憲(信西)は，後白河天皇(上皇)の近臣(1106〜59年)。保元の乱では後白河天皇側に勝利をもたらし，敗者を斬首とするよう主張して，平城太上天皇の変以来となる死罪を復活させた。平治の乱では平清盛と結んだが，源義朝らに攻撃されて自害を余儀なくされた。

天皇方	後白河 (弟)	関白 忠通 (兄)	清盛 (甥)	義朝 (子)
	天皇家	藤原氏	平氏	源氏
上皇方	崇徳 (兄)	左大臣 頼長 (弟)	忠正 (叔父)	為義 (父)

保元の乱関係図

通憲(信西) ↓ [自殺]	清盛	重盛	頼盛
院近臣の藤原氏		平氏	
		源氏	
信頼 ↓ [斬首]	義朝 ↓ [謀殺]	義平 ↓ [斬首]	頼朝 ↓ [伊豆へ]

平治の乱関係図

MEMO

6 平氏政権

　平清盛は急速に権力と地位を高めた。平氏政権には，海外貿易に力を入れるなど新しさもあった反面，古さも同居していた。「平氏でない者は人でない」というほどの絶頂期は長続きせず，平氏以外の武士や貴族から反感を買うようになった。

要点

❶ 武家的性格 平清盛は，各地で成長していた武士の一部を荘園や公領の現地支配者である地頭に任命し，武家の棟梁として畿内・西国の武士を家人として組織した。
❷ 日宋貿易の推進 日本と大陸との交易が活発になるなかで，日宋貿易を積極的に推進した(金の圧迫により1127年に南宋成立，→ p.46)。大輪田泊(現在の神戸港付近)を修築して宋商人を畿内に招来し，貿易利潤の獲得に努めた。

1．院政と平氏政権　63

❸ 貴族的性格　平氏政権の基盤は摂関家と類似性が強い。具体的には，一族での高位高官独占（→清盛は太政大臣に），外戚政策の展開（→娘の徳子を高倉天皇の中宮とし，その子安徳天皇が即位）がみられ，また知行国と荘園を経済基盤とした。

❹ 鹿ヶ谷の陰謀　1177年，院近臣による平氏打倒計画が発覚した（鹿ヶ谷の陰謀）。事件後の1179年，平清盛は後白河法皇を幽閉するなど強硬な姿勢をとり，国家機構のほとんどを手中に収めて政界の主導権を握った。

❺ 強まる反発　平清盛の独裁的な政治は，反対勢力の反発を激化させた。1180年，「平氏を討て」という以仁王（後白河法皇の皇子）の令旨がだされると，各地の武士団（→ p. 56）の蜂起があいつぎ，平氏は西走を余儀なくされた（治承・寿永の乱，→ p. 66）。

7　院政期の文化（11世紀後半〜12世紀）

　院政期の文化は，貴族社会にかわって，戦乱を経るたびに武士が成長していく時代の文化だった。このため，従来の貴族文化に，地方文化・庶民文化の要素が加わることになった。

要点

❶ 浄土教の地方普及　聖・上人などと呼ばれた民間布教者（諸国を回遊した僧侶）の活動もあって，浄土教が全国に広がった。浄土教の地方普及の様子は，奥州藤原氏（→ p. 57）が平泉にたてた中尊寺金色堂などに示されている。

中尊寺金色堂内陣

❷ 今様と田楽・猿楽　今様とは，「現代風」という意味で同時代の歌謡をさす。後白河法皇がまとめた『梁塵秘抄』は今様などを集大成した歌謡集だが，これを編んだ後白河法皇は，若いころから今様に打ちこんで昼夜を問わず歌い続けたため，3度も声帯をつぶした，と伝えられている。
　また，田楽・猿楽などの庶民芸能が，貴族の間でも流行した。

❸ 物語と絵巻物　軍記物語では前九年合戦を描いた『陸奥話記』などが記され，歴史物語では『栄花（華）物語』『大鏡』などかなによる優れた歴史叙述が生まれた。インド・中国・日本の説話を集めた『今昔物語集』が成立したのも，院政期のことである。
　また，絵と詞書をおりまぜた絵巻物が発展し，『源氏物語絵巻』や『信貴山縁起絵巻』，応天門の変（→ p. 45）を描いた『伴大納言絵

巻』などの傑作が遺されている。

『信貴山縁起絵巻』

重要用語

□後三条天皇　□延久の荘園整理令　□記録荘園券契所　□公領
□郡・郷・保　□荘園公領制　□国衙領　□名主　□年貢・公事・夫役
□白河天皇　□院　□院政　□法皇　□院宣　□院庁下文　□院近臣
□六勝寺　□北面の武士　□僧兵　□強訴　□知行国　□院分国　□保元の乱
□平治の乱　□伊勢平氏　□後白河天皇　□平清盛　□藤原通憲　□地頭
□日宋貿易　□金　□南宋　□大輪田泊　□外戚　□鹿ヶ谷の陰謀　□武士団
□聖・上人　□奥州藤原氏　□平泉　□中尊寺金色堂　□今様　□『梁塵秘抄』
□田楽・猿楽　□『今昔物語集』

MEMO

1．院政と平氏政権

2　鎌倉幕府の成立

1　治承・寿永の乱

　1180年の福原京への強引な遷都（半年後には京都に帰還）など、平清盛を中心とする平氏政権の専横は、公家や地方武士団などの不満を高めた。こうした情勢のなかで、1180年、後白河法皇の皇子以仁王らが平氏打倒の兵をあげると、伊豆の源頼朝や信濃の源（木曽）義仲らも挙兵し、内乱が全国に広がっていった（治承・寿永の乱、1180～85年）。

　平氏を打倒しようとした諸勢力のうち、もっとも強力な東国武士団を率いる源頼朝は、上京を急がずに、鎌倉を根拠地として新政権の樹立に努めていく。具体的には、平氏が都落ちした1183年には、東国の事実上の支配権を後白河法皇に認めさせ（寿永二年十月宣旨）、平氏が滅亡した85年には、守護と地頭を設置する権限を獲得した。そののち、頼朝は92年に征夷大将軍に任ぜられ、ここに名実ともに鎌倉幕府が成立することになる。

　源氏による鎌倉幕府の樹立（鎌倉時代の始まり）以降、中世と呼ばれる時代がいよいよ本格化していった。この時代の最大の基調は、武家が次第に公家を圧倒していったことである。

要点

❶ **源義経**　源頼朝の弟。頼朝の命にしたがって平氏追討などに活躍。しかし、平氏滅亡後は頼朝と対立し、最期は1189年、逃亡先の平泉で奥州藤原氏（→ p.57）に討たれた。

❷ **奥州藤原氏**　奥州藤原氏の影響力は、日本の東北地方にとどまらず、現在の北海道・オホーツク海沿岸・サハリン・沿海州方面にまでおよんだと考えられ、また朝廷とも良好な関係を維持していた。鎌倉幕府は、謀叛人である源義経をかくまったとして奥州藤原氏に圧力をかけ、藤原泰衡が頼朝の要求どおり義経を殺害したにもかかわらず、1189年に奥州藤原氏を滅ぼした。

2 鎌倉幕府の中央機関

鎌倉幕府は，支配機構の整備，幕政の運営にあたって，朝廷のもつ伝統や経験を活用していった。

要点

❶ 侍所　侍所は御家人の組織・統制を担当した。初代別当（長官のこと）→和田義盛（有力御家人）。

❷ 政所　政所（初めは公文所）は一般政務，財政事務を担当した。初代別当→大江広元（公家出身者）。

❸ 問注所　問注所は裁判事務を担当した。初代執事（長官のこと）→三善康信（公家出身者）。

3 守護と地頭

地方には守護と地頭が置かれた。守護は，有力御家人が各国一人ずつ任命され，一国内の御家人を動員して大犯三カ条などの職務を果たした。守護は，国衙領・荘園に介入することを原則的に禁じられており，全体としては，軍事・警察という限られた分野を担当する存在だった。

一方，地頭は，年貢の徴収・納入，土地の管理，治安維持を任務とし，荘官とほぼ共通する役割を果たす存在で，幕府成立期には，平家没官領（平氏滅亡により没収された平家一門の所領）などを対象に，御家人への御恩（→ p.68）として地頭が任命された。以後，幕府勢力の拡大にともない，現地の支配権をめぐる地頭と荘園領主との対立が次第に激化していく。

要点

❶ 大犯三カ条　大犯三カ条とは，京都大番役の催促（皇居などの警護のために守護が御家人を召集・統率すること），謀叛人・殺害人の逮捕の3項目をいう。

❷ 地頭という呼称　地頭とは，もともと現地あるいは土地そのものをさす呼称で，やがて，荘官の職名の一つとして用いられるようになった。平氏政権下においても，平氏が家人を地頭に任命した例が残されている（→ p.63）。

❸ 平家没官領　平氏滅亡により没収された平家一門の所領をいい，その多くは関東御領として幕府の財政基盤になった。

❹ 関東御領　将軍家の所領となった荘園。

2．鎌倉幕府の成立

平家没官領や承久の乱後の処置にともなう院方の所領の一部などからなる。これに対して，朝廷から与えられた将軍家の知行国のことを，関東知行国(関東御分国)という。

❺ 大田文　大田文とは，一国内の田地面積や領有関係を公領・荘園別に記録した，各国別の土地台帳をいう。鎌倉幕府が守護に命じて国衙の在庁官人が作成にあたったものが多く，幕府の支配力拡大の様子などを知ることができる。

4 鎌倉幕府の性格

鎌倉幕府を支えた武士社会は，**主従関係というタテの結合の原理（封建制度）**と，**惣領制という血縁にもとづく結合の原理**を基礎としていた。主従関係とは，主君と家臣とのあいだの，**御恩**と**奉公**の関係にもとづく結合をいい，幕府は，これを前提として**御家人制（将軍⇔御家人）**を形成した。いいかえると，幕府が成立したことによって，源氏の棟梁(鎌倉殿)と東国武士との私的な主従関係は，将軍と御家人という公的な主従関係へと転換したことになる。

要点

❶ 御恩　御恩には，**本領安堵**と**新恩給与**があった。本領安堵は先祖伝来の所領支配を確認すること，新恩給与は働きに応じて新たな所領を与えることをいう。

❷ 奉公　奉公とは，戦時には身命を捨てて軍役(従者が主君に提供する軍事的な負担のこと)を果たし，平時にも京都大番役などを務めること。

❸ 御家人　幕府の首長である将軍と主従関係を結んだ武士のことを御家人という。武家の棟梁である源氏や平氏の従者をさす「家人」の語に，将軍に対する敬意の表現として「御」の字がついたものだと考えられる。

❹ 惣領制　惣領制とは，**血縁にもとづいて一族が団結**する，武士の家の結合形態をいい，一族の長である**惣領(家督)**によって統括され，所領は**分割相続**された。幕府は，原則的に惣領を御家人として組織し，武士社会全体を統御した。

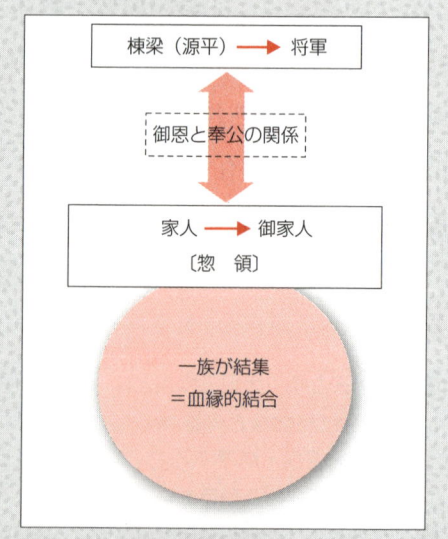

```
        棟梁（源平）──→ 将軍
              ↑
        御恩と奉公の関係
              ↓
        家人 ──→ 御家人
           〔惣　領〕

         一族が結集
        ＝血縁的結合
```

御家人制と惣領制の基本

発展 公武二元支配

　ここまでの説明からもわかるように，鎌倉幕府は古代的な秩序を否定して成立したわけではなく，この時代には一方で，朝廷を中心とする旧来の体制や基盤がなお強固に生き残っていた。幕府は，全国の武士を組織したわけでも，土地・人民に対する強固な支配を成立させたわけでもなく，幕府が任じた地頭も荘園制下における一種の荘官を意味していた。

　幕府の財政は，荘園（関東御領）と知行国（関東知行国）からの収入に依存していた。この点でも，幕府は上級貴族などと同じような経済的基盤に立脚していた，といえるだろう。

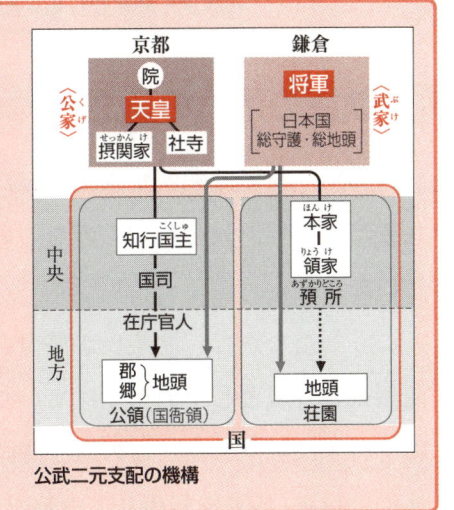

公武二元支配の機構

重要用語

☐福原京　☐源頼朝　☐治承・寿永の乱　☐鎌倉　☐守護　☐征夷大将軍
☐鎌倉幕府　☐鎌倉時代　☐侍所　☐政所　☐問注所　☐大犯三カ条　☐地頭
☐大田文　☐封建制度　☐惣領制　☐御恩　☐奉公　☐御家人制　☐将軍
☐御家人　☐本領安堵　☐新恩給与　☐惣領（家督）　☐分割相続

MEMO

3 ── 承久の乱と執権政治

1 執権の地位の確立

　1199年，将軍源頼朝が世を去った。子の源頼家が跡を継ぐが，実際には，北条時政・梶原景時ら13人の有力御家人が合議のかたちで幕政を運営することになった。

　こうしたなかで，北条氏が勢力を伸ばしていく。まず1203年，北条時政は源頼家の外戚として力をつけていた比企能員ら一族を滅ぼし，頼家の弟源実朝を将軍に擁立した。この際，時政は政所別当に就いているが，以後，この地位は執権（将軍を補佐して政務をとる職）と称されることになった。

　また，父にかわって執権となった北条義時は，1213年に侍所別当の和田義盛ら一族を全滅させた。以後，北条氏は政所と侍所の別当を世襲的に兼任することとなり，これによって，鎌倉幕府内における北条氏の権力は確固としたものになった，と考えられている。

> **要点**
>
> ❶ **北条義時** 安定した幕府権力を確立した鎌倉幕府2代執権。姉の北条政子（源頼朝の妻）と協力して執権の地位を固め，さらに承久の乱（1221年）に勝利して後鳥羽上皇を中心とする公家勢力に打撃を与えた。
>
> ❷ **北条政子** 北条時政の娘で源頼朝の妻。3代将軍源実朝の死（1219年）後は北条義時とともに幕政を主導し，「尼将軍」と称された。承久の乱の際には，涙ながらの名演説をおこない，御家人の団結を固めたことで知られる。この演説は，頼朝からうけた御恩の大きさを御家人たちに思いださせ，武士社会を支える原理である御恩と奉公の関係にしたがって，その御恩を幕府に返すよう求めたものだった。

2 承久の乱

　京都で院政をおこなっていた後鳥羽上皇は，北条氏台頭の過程でみられたあいつぐ内紛によって，幕府は弱体化していると考えた。朝幕関係は，にわかに緊迫の度を高めていった。1221年，上皇の北条義時追討の院宣により承

久の乱が起こり，京都を攻めた。幕府軍は上皇側を破った。承久の乱に勝利した幕府は，いくつか乱後の処置を実行し，全国に広く影響力を行使するようになる。

要点

❶ **後鳥羽上皇の院政**　政治にも熱心だった後鳥羽上皇は，分散していた広大な皇室関係（八条院領・長講堂領）を掌握し，西面の武士（→北面の武士との混乱に注意，p.62）をおくなど，経済力・軍事力の強化を図った。1219年，3代将軍源実朝が暗殺されて源氏の正統が断絶すると，上皇は倒幕を決意し，幕府の皇族将軍要求を拒否した。

❷ **藤原（摂家）将軍**　源氏将軍を失った幕府は，皇族将軍を要求して拒否されると，摂関家出身の藤原（九条）頼経を鎌倉に迎えた（当時2歳，のち4代将軍）。

❸ **承久の乱発生**　1221年，後鳥羽上皇は北条義時追討を諸国の武士に命じた。しかし，武士の多数は北条氏の主導する幕府側に味方し，幕府軍は短期間のうちに上皇側を圧倒した。

❹ **3上皇の配流**　後鳥羽上皇は隠岐に送られ，土御門（→土佐，のち阿波）・順徳上皇（→佐渡）も配流された。

❺ **皇位干渉**　仲恭天皇を退け，以後，幕府は皇位の継承などに介入するようになった。

❻ **六波羅探題設置**　**六波羅探題**が京都におかれ（旧平清盛邸を改築），朝廷の監視・京都の警備・西国の統轄を担当した。

❼ **院方所領の没収**　朝廷に味方した貴族や武士の所領3000余所を没収。ここには，功績に応じて東国の御家人が地頭に任命された（**新補地頭**＝新補率法を適用された地頭のこと）。こうして承久の乱などを通じて西国に所領を獲得していった御家人たちのことを，西遷御家人という。

❽ **新補率法**　承久の乱後に新たに現地に派遣される地頭と荘園領主との間の紛争を避けるために定められた，地頭の給与についての規定。(a)田畑11町につき1町を地頭の田畑とする，(b)1段あたり5升の加徴米（年貢など正規の税以外に徴収する米のこと）を認める，(c)山野河海からの収益は荘園領主と折半する，という内容をもち，この規定を適用された地頭を新補地頭，それ以外の地頭を本補地頭（従来の現地の先例にしたがう地頭）と呼んで区別した。

北条氏台頭の過程

1199	源頼朝死去。源頼家が家督を相続。
1200	梶原景時敗死。
1203	北条時政，比企氏の乱（比企能員の乱）後，源実朝を将軍に擁立し，政所別当に就任，執権となる。
1204	源頼家謀殺。
1205	北条時政，畠山重忠らを討つ。 源実朝の廃位を狙う陰謀が露見し，北条政子・義時により時政失脚。 →　北条義時，執権に就任。

3．承久の乱と執権政治　71

1213	和田義盛敗死(和田合戦)。 → 北条義時，侍所別当兼任，以後，執権の地位世襲へ。
1219	源実朝暗殺(源氏の正統断絶)。 藤原頼経，鎌倉に下向。
1221	承久の乱発生。

3 執権政治

承久の乱後，北条義時・政子らがあいついで亡くなくなるなかで，3代執権になった北条泰時は，御家人による集団指導体制で政治を運営しようとしていった。

そのためにまず，**連署**(執権の補佐役)，**評定衆**(有力御家人で構成)がおかれ，重要な政治課題や裁判は，執権・連署・評定衆の合議で決定されるようになった。このような執権を中心とした**合議制にもとづく政治運営**のことを，執権政治と呼んでいる。

3代執権北条泰時は，さらに，合議のための指針，公平な裁判のための基準となる法典の編纂にとりくみ，1232年に**御成敗式目**(貞永式目)を制定した。

要点

❶ **御成敗式目編纂の基準** 頼朝以来の先例や「道理」と呼ばれた武士社会での慣習・道徳。

❷ **御成敗式目編纂の目的** 合議に役立つ指針や公平な裁判をおこなうための基準を示すために編纂された。

❸ **御成敗式目と公家法・本所法との関係** 御成敗式目は，武家最初の体系的法典であり，**幕府法の自立**を宣言するものだったが，一方で，律令の系譜をひく公家法や，荘園領主のもとでの本所法と共存する性格をもっていた。この特徴は，式目制定の趣旨などを説明した北条泰時書状(泰時消息文)のなかの，「この式目は……武家の人へのはからひのためばかりに候。これによりて，京都の御沙汰，律令のおきて，聊もあらたまるべきにあらず候也」という表現によく示されている。

ただし以後，武家の成長にともなって，公家法や本所法のおよぶ土地においても，公平さを重んじる武家法の影響が強まり，その適用範囲は拡大していった。

発展 御成敗式目の生命力

御成敗式目は，室町幕府の基本法としても機能した。鎌倉幕府による御成敗式目の追加法

は式目追加と総称され，室町幕府による御成敗式目の追加法は建武以来追加と総称された。
　この点に関連して，室町幕府が成立していく過程を武家方から描いた歴史書『梅松論』の一節を紹介しておきたい。そこには，「時節到来にや，元弘3(1333)年の夏，時政の子孫七百余人同時に滅亡すといへども，定め置ける条々は今に残り，天下を治め弓箭の道をただす法となりけるこそ目出度けれ」といった記述が残されている。下線部の大意は，「御成敗式目などの法令は，現在もなお天下を統治し，武士社会を律する法として機能しており，実に結構なことだ」となり，御成敗式目の性格が象徴的に示されている。以後も戦国大名の分国法に影響を与え，江戸時代になっても寺子屋の学習教材として利用されるなど，御成敗式目の生命力は極めて強力だった。

発展　御成敗式目の重要条文

守護
一　諸国守護人奉行の事
　　右，右大将家の御時定め置かるる所は，大番催促・謀叛・殺害人 付たり夜討・強盗・山賊・海賊 等の事なり。

　すでに守護のなかには，国衙を指揮して行政事務にあたったり，大田文(→p.68)を作成したりする者も登場していたが，あらためて御成敗式目で，守護の職務を限定し，「大番催促・謀叛・殺害人 付たり夜討・強盗・山賊・海賊 等の事」以外の行為を禁止した。

年紀法
一　御下文を帯ぶると雖も知行せしめず，年序を経る所領の事
　　右，当知行の後，廿ケ年を過ぎば，大将家の例に任せて理非を論ぜず改替に能はず。

　「当知行……能はず」の部分を一言で説明すると，所領支配の事実が20年続けば，その実状を権利に転化させて確定する，ということになる。これは，所領支配における一種の時効(ある一定の事実状態が長期間継続した場合に，法的規定に合致するかどうかにかかわらず権利の取得または消滅を認めること)規定を明文化したもので，年紀法(知行年紀法，20カ年年紀法)と呼ばれ，武士社会が正当としてきた重要な「道理」の一つだった。

悔返し権
一　所領を女子に譲り与ふるの後，不和の儀有るによって，その親悔い還すや否やの事
　　右，……女子もし向背の儀有らば，父母宜しく進退の意に任すべし。
一　所領を子息に譲り，安堵の御下文を給はるの後，その領を悔い還し，他の子息に譲り与ふる事
　　右，父母の意に任すべきの由……先判の譲に就きて安堵の御下文を給はると雖も，その親これを悔い還し，他の子息に譲るにおいては，後判の譲に任せて御成敗有るべし。

　悔返しとは，いったん譲与した財産・所領を，その譲り主があらためて取り戻すことをいう。御成敗式目では，惣領の親権を重視する立場から，親の子息に対する悔返し権が規定され，それは，たとえ鎌倉幕府から安堵の下文を与えられた所領であっても行使できる強力な権利とされた。

4 執権政治から得宗専制へ

　5代執権**北条時頼**(執権在職1246～56年)は，土地紛争の増加に対応するため，1249年に**引付**をおき，**引付衆**を任命した。これによって，所領に関する裁判のスピードアップが図られることになった。

　鎌倉時代の政治史は，幕府権力のあり方によって，前期：将軍(鎌倉殿)独裁政治，中期：合議制にもとづく執権政治，後期：得宗専制政治，の3期に区分されるが，北条時頼の時代には，1247年の宝治合戦などをつうじて，元寇後に顕著になる，**得宗**(北条氏の本家を継いだ者)を中心とする独裁的な政治，という傾向も強まっていった。

　また，この時期には朝廷に対する幕府の影響力も強まり，後嵯峨上皇の院政下にあった1246年には，幕府の評定衆にならって朝廷にも**評定衆**(院評定衆)がおかれた。

要点

❶ **宝治合戦** 1247年に，北条時頼が幕府創設以来の有力御家人である三浦氏一族を滅ぼした事件。この戦いの結果，北条氏の権力は一段と強化され，**幕政は得宗専制の方向へ**と進んだ。

❷ **皇族(親王)将軍** 1252年，反北条氏勢力が藤原将軍とつながっていることを察知した幕府は，藤原将軍を京都に送還。宗尊親王を将軍とした。以後の皇族将軍も幼少で迎えられ，**将軍は名目だけの存在**になった。

将軍就任順	名　前	在　職
4	藤原頼経	1226～1244
5	藤原頼嗣	1244～1252
6	宗尊親王	1252～1266
7	惟康親王	1266～1289
8	久明親王	1289～1308
9	守邦親王	1308～1333

藤原将軍から皇族将軍へ

発展　鎌倉時代の裁判

　鎌倉時代の裁判は，所務沙汰(所領＝不動産に関する裁判，引付の管轄)や，検断沙汰(刑事訴訟，侍所の管轄)などに大別される。下記の図は，所務沙汰の裁判の様子を示すものである。順にみていこう。

❶ **裁判の開始**　訴人(原告)が提出する訴状と証拠書類は，問注所を通して引付のもとに届けられた。

❷ **裁判の本格化** 訴状をうけとった引付は，直ちに論人（被告）に対して，訴状に対する答弁を要求する。ここから裁判は係争中ということになる。裁判継続中，対象となった所領については，論人（被告）がそのまま知行してよいとされたが，ただし，それを処分することは禁止された。

❸ **三問三答** 論人（被告）は，うけとった訴状に対して陳状（答弁書）を提出し，引付奉行人（引付衆の指揮下で裁判の実務を担当した人々）は，訴状・陳状を審査した。こうした訴状・陳状の応酬を「訴陳に番う」といい，この応酬が三度にまでおよぶ（訴状〜三陳状）ことから，「三問三答」という言葉が生まれた。

❹ **判決** こののち引付は，理非が明白な場合は直ちに判決を下したが，そうでない場合，訴人・論人を呼び出して口頭弁論（対決）をおこなわせた。

❺ **下知状** 判決は，引付が作成した上で評定会議において議決し，執権・連署の署名を加えて下知状と呼ばれる形式で勝訴人に手渡された。下知状とは，おもに幕府の下した裁決に用いられた文書のことをいい，永続的な効力が期待された。

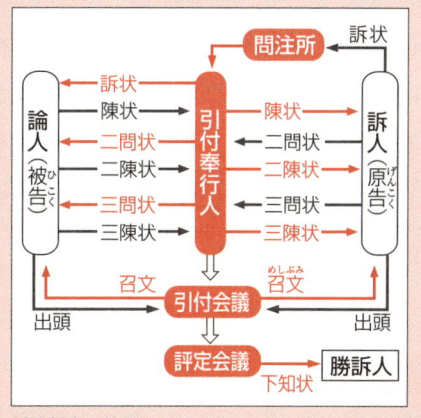

訴訟制度の仕組み

発展　藤原将軍から皇族将軍へ

　源氏将軍の断絶後，幕府は皇族を将軍として招くことに失敗して藤原（摂家）将軍を迎えたが，この時期に実質的な将軍の地位にあったのは北条政子だった。政子の死後，北条泰時は藤原頼経の征夷大将軍任命により将軍の権威を高め，執権・連署と評定衆による合議制にもとづく政治を推進して幕政における北条氏の主導的地位を確立する。さらに北条時頼は，前将軍頼経と結ぶ北条氏一門や有力御家人を排斥し，私邸での寄合で重要な政策決定をおこなうなど，北条氏の家督（得宗）の地位を確立した。また，藤原将軍に代わって皇族（親王）将軍を鎌倉に迎え，権威の点で，鎌倉幕府を京都の朝廷とほぼ同格な存在へと引き上げることに成功した。

5　武士の武芸訓練と地頭の成長

　鎌倉時代の武士の多くは，開発領主の系譜を引き，河川近くの微高地などを選んで館をかまえた。館の周辺部には直営地を設け，みずからは現地を管理する地頭などとして年貢・公事を徴収し，それらを荘園領主らに納入することで定められた収入を得るのが一般的だった。

　また，この時代の武士が武芸を身につけるためにおこなった訓練には，犬追物（馬場に犬を放っておこなう訓練），笠懸（馬上から遠距離の的を射る訓

練),流鏑馬(馬を疾駆させて馬上から3カ所の的を次々に射る訓練),巻狩(狩場を四方から多人数でとりかこみ獲物を追いつめながら射とめる,戦闘訓練を兼ねた大規模な狩猟)などがあった(犬追物・笠懸・流鏑馬を総称して騎射三物という)。

　1221年の承久の乱後,幕府権力の伸長を背景に,現地に根をおろした地頭は,荘園領主への年貢をおさめなかったり,奪いとったりといった行為をしきりにおこなうようになった。当然,これは荘園領主と地頭とのあいだの争いを招くことになる。執権政治の時期に,幕府が公平な裁判制度の確立に努めたのも,こうした事態に対応しようとしたからだった。

　荘園領主と地頭の争い(土地紛争)は,次のような方法で解決された。

要点

❶ **地頭請(所)** **地頭請(所)** とは,荘園領主から地頭が荘園管理を一任され,**定額の年貢納入を請け負うこと**。これによって,荘園領主側の現地に対する権利は弱体化した。

❷ **下地中分** **下地中分** とは,荘園領主と地頭が**土地そのものを分割**し,それぞれの土地・農民の支配権を認めあうことをいう。当事者間の示談による場合(和与中分)と幕府の命令による場合とがあり,こうした手続きにもとづいて中分した内容を明示するため,鎌倉時代後期には,多数の荘園絵図が作成された。

　この下地中分が実行された場合,分割された土地の片方は地頭が領有することになる。これは,荘園制(一つの土地に多くの権利が重なりあっている状態)にたとえ小さくても風穴をあけたことを意味する。こうして地頭は,荘官として現地を管理する存在から,現地の土地と農民を直接支配(一円支配)する領主へと,その姿を変貌させていくことになった。なお,「一円」の語は,中世社会では「完全に,すっかり」といった意味で用いられた。

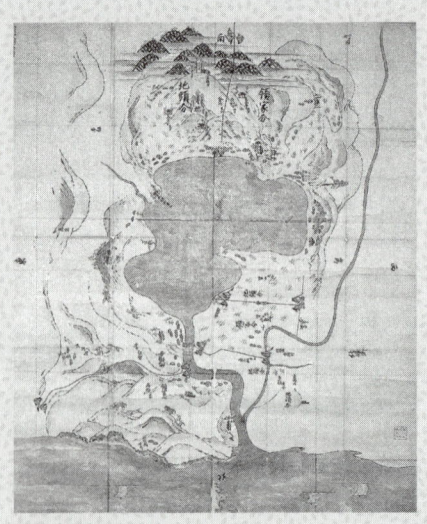

下地中分図

重要用語

□源頼家　□北条時政　□北条氏　□源実朝　□執権　□北条義時　□院政
□後鳥羽上皇　□六波羅探題　□新補地頭　□連署　□評定衆　□御成敗式目

□北条時頼　□引付　□引付衆　□得宗　□評定衆（院評定衆）　□館
□地頭請（所）　□下地中分

論述問題研究❺………鎌倉時代の法と裁判

次の(1)・(2)の文章を読んで，あとの設問A～Cに答えなさい。解答は，設問の記号を付して記しなさい。

(1) 播磨国細川荘は，藤原為家の領する荘園で，正妻の子為氏に譲られることになっていた。しかし，為家の側室阿仏尼が為相を産むと，①父為家は，前言を翻してこの荘園を為相に譲ると遺言した。為家の死後，為氏が遺言にしたがわなかったため，ここから細川荘の相続をめぐる裁判が始まり，1279年には阿仏尼が鎌倉に下って息子為相の相続権を認めるよう訴えでた。②鎌倉での訴訟は，阿仏尼の在世中には決着せず，為相側の勝訴が確定したのは1313年のことだった。

(2) 能の演目の一つである『鉢木』は，史実とは思われないが，鎌倉時代の武士社会の様子をよく伝えるものとして知られている。それは，次のような物語だった。
　ある雪の夜，貧しい老武士である佐野源左衛門の家に旅の僧が訪れた。源左衛門は，大事にしていた鉢植えの木を切って薪にするなど精一杯のもてなしをしながら，③一族に所領を横領（不法に奪うこと）されて今は落ちぶれてはいるが，いつでも幕府のために命懸けで戦う覚悟があると僧に語った。まもなく幕府から動員命令が下り，鎌倉に駆けつけた源左衛門は，そこで雪の夜にやってきた僧が実は前執権の北条時頼だったことを知り，時頼は恩賞を与えて源左衛門の忠誠に応えた。

設問

A　下線部①について，こうした行為は武家法でどのように規定されていたか。30字以内で述べなさい。

B　下線部②について，鎌倉時代の所領裁判は原則としてどのように進められたか。簡潔に60字以内で述べなさい。

C　下線部③について，鎌倉時代には，所領が横領されたにもかかわらず，所領裁判にともなういくつかの困難ゆえに，幕府機構に訴えでない事例がしばしばみられた。その困難とはどのようなものだったと考えられるか。60字以内で説明しなさい。

(東大型予想問題)

ヒント

鎌倉時代のところで学習する，世界史的にみても例がないといってよいほど高度な訴訟制度は，将軍による直接的な判断のもたらす弊害（恣意的な裁断など）を極力排除して公正さを求める意思に支えられ，幕府成立以降，50年以上の歳月をかけて整えられていった。しかし，それはすべての御家人層にプラスの効果だけをもたらしたわけではない。この点を，文章(1)から多角的に読みとりたい。

4 蒙古襲来と幕府の衰退

1 東アジア情勢の変化と蒙古襲来

　13世紀後半，日本は2度にわたるモンゴル(蒙古)の襲来を経験した。当時の東アジア世界の様子を確かめておきたい。

　10世紀後半以降，中国の宋(960〜1279年，1127年以降は南宋)とのあいだでは大陸商人が来航するなど貿易(日宋貿易)がさかんで，朝鮮半島には高麗王朝(918〜1392年)が存在した(→p.46)。ところが13世紀初頭，チンギス＝ハン(成吉思汗，「ハン」は君主の称号)のもとで急速に勢力を拡大したモンゴル民族は，またたく間にユーラシア大陸の東西にまたがる大帝国(1271年に国号を元に)の建設に成功した。

　元は日本に服属を要求したが，8代執権**北条時宗**は，これに応ずる姿勢をみせなかった。このため，**フビライ＝ハン**(忽必烈汗)率いる元の日本遠征は時間の問題になっていった。

13世紀の東アジア

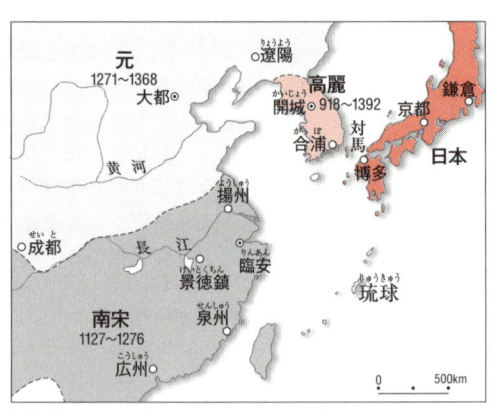

要点

❶ **文永の役**　1274年，高麗軍を含む元軍約3万が九州北部に襲来した(**文永の役**)。元軍の集団戦法や火器(「てつはう」)に，一騎打ち戦法をとる日本軍は苦しんだが，元・高麗軍も大きな被害に見舞われて撤退を余儀なくされた。

　幕府は，将軍と主従関係をもたない非御家人(本所一円地住人＝幕府の支配権がおよばない公家領・寺社領の武士たち)であっても，守護を通して動員する方針を明確にし，**異国警固番役**を強化・制度化するとともに，博多湾沿いに石造の防塁(石築地)

石築地跡(元寇防塁)

を築造させた。この異国警固番役は元寇終結後も続けられ，鎌倉幕府の滅亡まで存続することになる。

❷ **弘安の役** 1281年，南宋を滅ぼした元が総勢約14万で襲来した（**弘安の役**）。元軍は，総攻撃の直前に暴風雨に直面し，壊滅的な打撃をうけて退却した。

❸ **元の敗因** 元の日本征服計画が失敗したのは，(a)元軍が海戦に不慣れだったこと，(b)出撃基地となった高麗が様々なかたちで元に抵抗したこと（→高麗の武将が元に抗戦した三別抄の乱など。「別抄」とは精鋭部隊をいう），(c)動員された日本側の武士がよく奮戦したこと，(d)元軍が暴風雨に遭遇したこと，などが原因である。

❹ **危機の継続** 元は，実際には実現しなかったものの，2度の失敗で日本侵攻計画をあきらめたわけではなかった。幕府は3度目がいつになるのか予測できないまま，13世紀末には九州を統轄する**鎮西探題**をおき，異国警固番役や沿岸の警備を続けざるをえず，それは，以後の日本社会に大きな影響をおよぼしていくことになる。

2 得宗専制政治

2度にわたる蒙古襲来（元寇）と継続的な警戒体制の維持は，全国規模の軍事動員を通して北条氏の権力をさらに強大化させ，得宗専制を確立させることになった。得宗専制政治は，次のような特徴をもっている。

要点

❶ **幕政** 合議にもとづく政治が転換し，**得宗**（北条氏の本家を継いだ者，→p.74）の強力な政治指導力のもとで，御内人（得宗家に仕えた家来）が幕政を主導するようになった。

こうしたなかで，1285年，有力御家人安達泰盛らが内管領（御内人の代表）平頼綱に滅ぼされる事件（**霜月騒動**）が発生し，これによって得宗専制は決定的なものになったと考えられている。なお，平頼綱ものちに将軍北条貞時に滅ぼされた（1293年，平禅門の乱）。

❷ **全国の守護** 守護は，次第に国衙に対する支配を強め，地方行政官として大きな役割を果たすようになり，また，蒙古襲来の際には非御家人の軍事動員もおこなわれた。こうした過程を経て得宗専制期には，北条氏一門が全国の守護職の半数以上を独占する事態が生じることになる。そこには，惣領制の崩壊により一族単位の軍事動員が困難になったという事情が存在した。それでも幕府は防衛体制をとらなければならなかったため，守護による一国単位の軍事動員が模索された。

3 琉球とアイヌ

日本列島南方の琉球では，各地で城（グスク）を構えていた**按司**を束ねる強

力な王が登場し，14世紀前半には北山・中山・南山の3地方勢力(三山)が成立した(→ p.97)。

一方，北方の蝦夷ヶ島では，続縄文文化→擦文文化・オホーツク文化を経て，13世紀には**アイヌ**文化が形成された。

> **要点**
>
> ❶ 按司　グスクを拠点とする地方豪族の首長などをさす。
> ❷ 擦文文化・オホーツク文化　擦文文化は，7世紀から13世紀ごろにかけて北海道を中心とする地域で栄えた文化。土師器の影響をうけた独自の文様をもつ土器が用いられた。一方，オホーツク文化は，古代の北海道北東部・サハリン南部・千島(クリル)列島などオホーツク海沿岸に分布する文化。漁労や海獣の狩猟などが盛んだった。

4　御家人社会の危機

元寇前後の時期には，御家人たちの社会にも深刻な危機が訪れた。

御家人が窮乏した背景として，分割相続の継続による所領の細分化，貨幣経済の浸透による生活苦の進行，という前提があり，そこに，元寇にともなう長期の軍事負担，が重なることになった。元寇は，日本にとって防衛戦争だったため，負けなかったとはいっても領土などの獲得はなく，動員された御家人は，**御恩なき奉公を長期にわたって強制された**のである。

さらに，一期分(相続した所領などを一代限りで惣領に返還すること)が増加するなど，女性の地位低下も顕著になっていった。

こうしたなかで1297年，**永仁の徳政令**が発布されることになる。

> **要点**
>
> ❶ 永仁の徳政令の目的・内容　(a)幕府の判決を不満とする再審(越訴)の禁止，(b)御家人の所領の売買・質入れの禁止と以前に売却・質入れした所領の無償取り戻し，(c)金銭貸借に関する訴訟の不受理。このうち，下線部に示した所領の無償取り戻し以外の項目は翌年に停止された。
> ❷ 永仁の徳政令の効果　永仁の徳政令は，失った所領の無償取り戻しだけでなく，流動化しつつあった**御家人所領の固定化や裁**

判の迅速化など幅広い内容をもつ善政（徳政）を実現するための法だった。しかし一方で，日本社会には，本来あるべき状態に戻すことがよい政治（徳政）であるという観念が古くから存在していたこともあり，この徳政令は，所領の無償取り戻しという部分だけが拡大解釈され，御家人の枠組みを超えた幅広い階層に受容されていった。御家人以外の者でも，売却地の返還・回復に成功した事例が記録されている。

ただし，永仁の徳政令による御家人救済策も一時しのぎにしかならず，社会全体が大きな変動に包まれるなかで，幕府の支配は動揺・衰退へと向かっていった。

5 鎌倉時代の農業

鎌倉時代には，農業技術の発展に支えられて農業生産力が増大した。

要点

❶ 肥料　草をうめこんで腐らせる刈敷，草木を焼いて肥料にする草木灰の利用が拡大した。

❷ 耕作　牛馬耕が本格的に普及した。

❸ 田の有効利用　西日本で麦を裏作とする二毛作の田が増加した。

❹ 副業　荏胡麻（中世における灯油の原料）などが栽培された。

6 鎌倉時代の商業

鎌倉時代には，貨幣経済の浸透を背景に，特権的な同業者団体である座（天皇家・公家や寺社を本所とする商人・手工業者の集団）の結成が広がるなど，商業活動も活発化した。

要点

❶ 貨幣経済の浸透　貨幣として，日宋貿易でもたらされた宋銭が主に使用された。

❷ 商業活動の活発化　(a)荘園の年貢を貨幣にかえて領主に送る銭納，(b)遠隔地への金銭の輸送を手形（一定額の支払いを約束する契約証書）でおこなう為替，(c)商品の中継ぎ・運送などを担当する問（問丸），(d)高利貸業に従事する借上，などが増加した。

さらに，(e)交通の要地などで定期市（毎月3回の場合→三斎市）が開かれるようになり，(f)行商人に加えて京都などでは見世棚（常設の小売店）もみられるようになった。

備前国福岡の市場(『一遍上人絵伝』部分) 武士や織物・米・魚・壺などを売る商人，市に群がる男女などが描かれ，鎌倉時代の市の様子を知ることができる。なお，備前国は現在の岡山県にあたる。

重要用語

□北条時宗　□フビライ゠ハン　□文永の役　□異国警固番役　□弘安の役
□鎮西探題　□蒙古襲来(元寇)　□得宗専制政治　□得宗　□霜月騒動
□按司　□アイヌ　□永仁の徳政令　□刈敷　□草木灰　□牛馬耕　□二毛作
□座　□宋銭　□為替　□問　□借上　□定期市　□三斎市　□行商人
□見世棚

MEMO

5. 鎌倉文化（12世紀後半〜14世紀初頭）

1 鎌倉新仏教

鎌倉文化の最大の特徴は，仏教が民衆の宗教として確立した，という点になる。

新しく登場するのは，(a)**念仏**（南無阿弥陀仏）を唱えれば極楽浄土に往生できるという，他力（何か大きな他者に帰依すること）の教えを説いた**浄土宗**・**浄土真宗（一向宗）**・**時宗**，(b)**題目**（南無妙法蓮華経）をとなえることで仏になることができると説いた**日蓮宗**（法華宗），(c)宋から伝来し，坐禅によって自力で悟りの境地に達することをめざした**臨済宗**・**曹洞宗**，である。

これらの鎌倉新仏教は，多くの修行のなかから，比較的容易な修行法（易行）をただ一つだけ選択し（念仏・題目・禅），それにひたすら打ち込むことを説く，という共通点をもっていた。なお，多くの修行のなかからただ一つを選びとることを選択，それだけに打ち込む，あるいは，すがることを専修という。

こうした鎌倉新仏教に刺激された旧仏教側や神道でも，新たな動きをみせた。

踊念仏（『一遍上人絵伝』，部分）

要点

❶ **浄土宗** 法然が開祖。専修念仏の教えを説く。専修念仏とは，極楽浄土に往生するため，念仏以外の方法を一切まじえることなく，ただひたすらに「南無阿弥陀仏」と念仏をとなえることをいう。

❷ **浄土真宗（一向宗）** 法然の弟子親鸞が開祖。悪人正機の教えを説く。悪人正機とは，人はみな等しく「悪人」（煩悩をもつ人々）であり，その自覚のない「善人」（自力で修行する仏のような人）でさえ救われるのだから，「悪人」であることを自覚した者の往生は疑いない，という考え方をいう。

❸ **時宗** 一遍が開祖。全国を遊行し，踊念仏によって布教を進めた。

❹ **日蓮宗（法華宗）** 日蓮が開祖。国難の到来を予言して正しい仏法の必要性を説くなど，現世での救済が重んじられた。

❺ **臨済宗** 栄西が開祖。師との問答（公案問答）を中心とする坐禅が重視された。新しい護国の宗教という性格をもっていた臨

済宗は，幕府の保護下で宋から蘭溪道隆・無学祖元ら禅僧を迎え，室町時代には隆盛期を築いた。

❻ 曹洞宗 道元が開祖。ただひたすら坐禅に徹すること(只管打坐)を重視した。

❼ 旧仏教の動き 法相宗の貞慶(解脱)や華厳宗の明恵(高弁)は南都仏教の再興を図り，また律宗の叡尊(思円)と忍性(良観)らは慈善事業・社会事業にも尽力した。

❽ 神道 一方，鎌倉時代末期には，伊勢外宮の神官度会家行が神本仏迹説(反本地垂迹説，従来の本地垂迹説とは逆に神こそが本地であり仏が垂迹であるという考え方)の立場から伊勢神道(度会神道)と呼ばれる独自の神道理論を形成した。

宗派	開祖	主要著書	中心寺院
浄土宗	法然	選択本願念仏集	知恩院(京都)
浄土真宗	親鸞	教行信証	本願寺(京都)
時宗	一遍	(一遍上人語録) 一遍は死の直前，著書・経典を焼き捨てた	清浄光寺(神奈川)
臨済宗	栄西	興禅護国論	建仁寺(京都)
曹洞宗	道元	正法眼蔵	永平寺(福井)
日蓮宗(法華宗)	日蓮	立正安国論	久遠寺(山梨)

新仏教の宗派一覧

発展 悪人正機説

悪人正機の考え方は，『歎異抄』(親鸞の弟子唯円が編纂)のなかの，「善人なをもちて往生をとぐ，いはんや悪人をや」の表現によく示されており，文字どおりに読むと，「善人」(自力で修行する仏のような人)でさえ救われるのだから，「悪人」(煩悩をもつ人々)が救われないはずはない，という意味になる。ここから，人はみな等しく「悪人」であり，その自覚のない「善人」でさえ救われるのだから，「悪人」であることを自覚した者の往生は疑いない，という論理を読みとるのが，近年におけるもっとも一般的な解釈になっている。親鸞の説く「悪人」は，特定の社会階層や法律上の犯罪者などをさしているのではないことに注意しておきたい。

発展 法華経

法華経は，日本にもっとも多大な影響をおよぼした仏教経典の一つ。
聖徳太子の撰とされる『三経義疏』の一つが法華経の注釈書(「法華経義疏」)であること，741年の国分寺建立の詔に法華経の写経や法華滅罪之寺(国分尼寺)の設置が盛りこまれていること，最澄の伝えた天台宗の中心経典が法華経であること，日蓮もまた法華経の純粋な信仰を主張したこと，を押さえておきたい。

2 文学と学問

和歌では，『山家集』(西行)，後鳥羽上皇の命で編纂された『新古今和歌集』(藤原定家ら)，随筆では，『方丈記』(鴨長明)・『徒然草』(兼好法師)などが知られている。

また、軍記物語では、平氏の興亡を主題とした『平家物語』（琵琶法師により平曲として普及）など、動乱の時代を反映した作品が生まれ、さらに、「道理」と呼ばれる基準にしたがって歴史の推移を読みとろうとした『愚管抄』（慈円）、鎌倉幕府の歴史を編年体（→p.35）で記した『吾妻鏡』など、重要な意義をもつ歴史書もまとめられた。

要点

❶ **有職故実** 有職故実とは古典や朝廷の儀式・先例などのことをいい、貴族のあいだでは有職故実の学がさかんになった。鎌倉時代の有職故実書には、『禁秘抄』（順徳天皇）がある。

❷ **『愚管抄』** 慈円（九条兼実の弟）が著述した歴史書。その最大の特徴は、「道理」と呼ばれる基準にしたがって歴史の推移を読みとろうとしている点にある。承久の乱直前に成立しており、後鳥羽上皇の行動を諫める意図もあったと考えられている。

❸ **『吾妻鏡』** 1180年の以仁王挙兵から1266年の宗尊親王（初の皇族将軍）京都送還までの過程を、鎌倉幕府を中心にして日記風の文体で記した歴史書。

❹ **『元亨釈書』** 臨済僧虎関師錬が著した初の日本仏教史書。元（中国）から来日した臨済僧一山一寧に日本仏教についての無知を指摘され、これに発憤してまとめられた。1322年成立。

❺ **金沢文庫** 金沢文庫は、北条氏一門の金沢実時とその子孫により武蔵国に設けられた私設図書館。和漢の書物が大量に収集された。

❻ **宋学の伝来** 鎌倉時代末期には、儒学の一つである宋学（朱子学）が日本に伝えられた。

❼ **大義名分論** 大義名分論とは宋学（朱子学）における理念の1つ。人として守るべき道義（大義）によって社会的地位（名）に対応する役割（分）が決まるという考え方をいい、しばしば、政治行動などを正当化するための論理として用いられた。

3 芸術

鎌倉時代には、芸術の諸分野でも武士のもつ気風が新しい傾向をつくりだしていった。

要点

❶ **建築様式と彫刻** 源平の争乱によって焼失した東大寺の再建にあたって、重源は、豪放な力強さをもつ大仏様と呼ばれる建築様式を用いた。一方、円覚寺舎利殿には、

5．鎌倉文化（12世紀後半〜14世紀初頭） 85

東大寺南大門

整然とした美しさをもつ **禅宗様**（唐様）が用いられている。加えて，伝統的な和様に大仏様・禅宗様の手法をとりいれた **折衷様** の寺院建築も盛んになった。

また重源によって， **運慶・快慶** ら豪快な作風をもつ奈良仏師が起用され，多くの優れた仏像彫刻がつくられた。

❷ **絵画** 絵画では写実的な傾向が強くなり， **似絵**（個人の肖像を写実的に描いた絵画）や

円覚寺舎利殿

頂相（師僧などの肖像画で禅僧に与えられた）が発達した。

また，『一遍上人絵伝』などにみられるように，絵巻物（→ p.64）が全盛期を迎えた。

❸ **書道** 平安時代以来の和様に宋の書風をとりいれた **青蓮院流** が創始された。

❹ **陶器生産** 宋・元の影響をうけて **瀬戸焼**（尾張）など各地で陶器生産が発展し，それらは日本社会に広く流通した。

重要用語

□念仏　□浄土宗　□浄土真宗　□時宗　□題目　□日蓮宗　□臨済宗
□曹洞宗　□法然　□親鸞　□悪人正機　□一遍　□踊念仏　□日蓮　□栄西
□公案問答　□道元　□只管打坐　□貞慶　□明恵　□叡尊　□忍性
□度会家行　□伊勢神道　□『新古今和歌集』　□『徒然草』　□『平家物語』
□琵琶法師　□平曲　□『愚管抄』　□『吾妻鏡』　□有職故実　□金沢文庫
□宋学　□大義名分論　□重源　□大仏様　□禅宗様　□折衷様　□運慶
□快慶　□似絵　□頂相　□青蓮院流　□瀬戸焼

論述問題研究❻………「地頭の代官」と念仏系の諸宗派

次の文章は歴史学者網野善彦の講演記録の一節である。これを読んであとの設問A・Bに答えなさい。解答は，設問ごとに改行し，設問の記号を付して記しなさい。

ご承知のように「一遍聖絵」（『一遍上人絵伝』のこと）が描かれましたのは，だいたい鎌倉時代の後半，13世紀の後半から14世紀にかけてのことと考えられております。……

この時代は驚くぐらいたくさんの人が動いている。……社会のなかで自分の立場を保っていくためには，その動いている社会のどこを押さえるか真剣な模索をしているわけです。
　実際，①各地に散らばっている所領には地頭の代官という者を派遣しているわけですが，……だいたい13世紀後半から14世紀，ちょうど②一遍の時代に地頭の代官がやっている仕事というのは，まず百姓と上手い具合に付き合って，正月には酒を呑（の）ませる，年貢が納まったらちゃんと一緒に酒を呑んでやるということをやって，……市庭（いちば）の相場をみて高いときに売るわけですね。……
　その売った物は，……当然銭で入ってくるのですが，現金の輸送などはしない。為替（かわせ）に組んで手形として送るのです。領主が鎌倉にいるとすれば，あるいは京都でもいいのですが，領主は送られてきた手形を持っていけば，鎌倉で現金化できるわけです。……最終的には決算書を作りまして，百姓と呑んだお金は必要経費になるので，ちゃんと交際費として落とせます。昔から交際費を必要経費で落とせるというのは，長い伝統があるようでして，荘園の外からやって来たお偉いさんをもてなして無事お帰りいただく，そのときの費用なども年貢から控除（こうじょ）される。税金から落とせるんですね。そういうことをやって決算書を作って監査を受けると，初めて一年間の業務が終わるというのが，当時各地域の代官のやっていることなんですね。
（網野善彦著『列島の歴史を語る』藤沢・網野さんを囲む会編）

A 上記の文章によれば，下線部①の「地頭の代官」はどのような能力を身につけておく必要があったと考えられるか，120字以内で述べなさい。

B 従来型の仏教と比較すると，下線部②の「一遍」など念仏系の諸宗派の教えはどのような性格をもっていたか，60字以内で述べなさい。

(東大型予想問題)

> **ヒント**
> 　性格の異なる2つの設問が並んでいる。「地頭の代官」（地頭代）がもつべき「能力」が問われた**設問A**は，与えられた文章を読み解いて抽象化するタイプ，「念仏系の諸宗派の教え」の「性格」をまとめる**設問B**は，基礎学力確認タイプになっている。

MEMO

6 建武の新政と室町幕府

1 鎌倉幕府の滅亡

　元寇後、幕府では北条氏の権力独占に対する御家人たちの不満・反感が強まった。

　一方、鎌倉時代中期以降、天皇家は分裂状態（**持明院統**と**大覚寺統**）となり、皇位や皇室領系の荘園をめぐって争いがつづいていた。14世紀初頭、ようやく幕府の仲介で**両統迭立**（両統が交互に皇位につく方式）の合意ができあがり、この直後に大覚寺統の**後醍醐天皇**が即位することになる。

　意欲的な姿勢で政治を進めはじめた後醍醐天皇は、幕府への不満が高まっているのをみて、武力による討幕へと踏みだした。後醍醐天皇の計画は失敗し、隠岐に流されたが、その後、楠木正成はじめ各地の武士、悪党が天皇に味方し兵を挙げ、やがて有力御家人足利高氏らにより北条氏は敗れ、1333年、幕府は滅亡した。

要点

❶ 幕府の状況　鎌倉時代末期になると、幕府は、(a)内管領長崎高資の専横など得宗専制政治に対して御家人たちが不満・反感を強め、(b)**悪党**の活動によって治安が悪化する、といった事態に悩まされた。

❷ 悪党　悪党とは、この時代に登場してきた新しいタイプの武士たちのことをいう。彼らは、畿内を中心として年貢納入の拒否・物資の略奪などを展開し、荘園領主や幕府にとって大きな頭痛の種になっていた。

❸ 後醍醐天皇の討幕運動　1324年の正中の変、1331年の元弘の変（後醍醐天皇→隠岐に配流）といった討幕計画はいずれも失敗に終わったが、そうした行動は悪党など反幕勢力の結集と蜂起を着実にうながしていった。

❹ 幕府滅亡への道　具体的には、(a)天皇の皇子護良親王や楠木正成らの挙兵、(b)隠岐から脱出した後醍醐天皇による討幕の呼びかけ、(c)幕府軍が派遣した指揮官**足利高氏**（のち**尊氏**）の天皇側への寝返り、(d)新田義貞らの関東での挙兵などによって、1333年、北条高時以下の北条氏一門と御内人が自殺に追いこまれ、鎌倉幕府はついに滅亡した。

2 建武の新政

京都にはいった後醍醐天皇は、「延喜・天暦の治」(→p.46)を理想とし、摂関政治・院政・武家政治すべてを否定する政治姿勢をとり、天皇親政をめざして**建武の新政**を開始したが、この新政は、3年ほどであえなく失敗することになる。

要点

❶ **妥協的な政治機構** 中央機関として、**記録所**と並んで旧幕府の引付を引き継ぐ**雑訴決断所**をおくなど、新政を遂行するにふさわしい一元的な機構を整備できなかった。

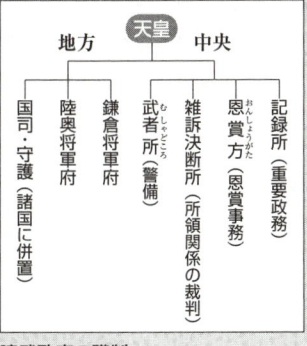

```
             天皇
地方         中央
│            │
├ 国司・守護（諸国に併置）
├ 陸奥将軍府
├ 鎌倉将軍府
├ 武者所（警備）
├ 雑訴決断所（所領関係の裁判）
├ 恩賞方（恩賞事務）
└ 記録所（重要政務）
```
建武政府の職制

❷ **綸旨絶対万能主義による混乱** あらゆる決定を後醍醐天皇の**綸旨**（天皇の意思をもっとも直接的に示す文書）でおこなったため、政務が停滞した。

❸ **所領政策への不満** 持ち主が20年以上支配している土地の権利は変更できない、という武士社会の法（年紀法、→p.73）を無視して、所領の確認を綸旨でおこなおうとしたため、武士層が離反した。

❹ **先例を無視した政治** 綸旨絶対万能を掲げて先例を無視した後醍醐天皇の政治は、貴族層の反発も招いた。

3 南北朝の動乱

北条高時の子時行らが挙兵して鎌倉を占領した反乱（中先代の乱）の鎮圧に成功した足利尊氏は、その直後に建武政権からの離反を鮮明にした。

1336年、京都制圧に成功した尊氏は、持明院統の光明天皇を擁立し（**北朝**＝持明院統）、**建武式目**を公表して武家政権である**室町幕府**を樹立した。一方、後醍醐天皇は吉野に逃れ（**南朝**＝大覚寺統）、ここから長期にわたる内乱の時代＝南北朝時代がはじまることになる。

> **要点**

> ❶ **建武式目** 建武式目は法としての性格をもつものではなく，あくまでも施政方針を示すもので，室町幕府の基本法として機能したのは，鎌倉幕府と同様，御成敗式目（→p.72）だった。
>
> ❷ **北朝の分裂** 南北朝時代は，南朝と北朝の対立・衝突がそのまま継続したのではない。成立した室町幕府には，**畿内近国の新興武士層と鎌倉幕府以来の伝統的武士層**とのあいだで深刻な路線対立が存在していた。前者は新たな枠組みの政治を求めて高師直（尊氏の執事）・足利尊氏を支持したのに対して，後者は鎌倉幕府的な政治・秩序の復活をめざして足利直義（尊氏の弟）を支持し，両者の対立が**観応の擾乱**（1350～52年）と呼ばれる全国的争乱を招くことになった。
>
> この過程で，尊氏ら急進派，直義ら漸進派ともに情勢の変化に応じて南朝を支える場面も生まれるなど，南北朝の内乱は，尊氏派・直義派・南朝勢力の3者が三つ巴の争いを展開することで長期化し，「天下三に分れて，合戦やむ時あらじ」（『太平記』）という状況を呈した。
>
> ❸ **南朝の結束** **北畠親房**らに支えられた南朝には，思想的結束の強さ（南朝を正統とする理念の存在）があり，また，九州に派遣されて九州全土の支配を一時的に成功させた懐良親王にみられるように，後醍醐天皇の諸皇子たちが各地で抵抗を継続した。
>
> ❹ **武士結合の変化** 惣領制の崩壊のなかで，従来の血縁的結合ではなく，**地縁的結合**にもとづいて武士集団がつくられた。また，相続の形態も，分割相続から**嫡子**（一家を統率する地位をうけつぐ者）への**単独相続**へと変化した。このため，地縁的に結びついた小規模な武士集団が多数形成され，それらが上位勢力（南朝・北朝，尊氏派・直義派）と無原則に提携したり敵対したりする様相が生じ，戦闘の日常化・全国化ももたらされた。
>
> こうした武士集団は，鎌倉時代末ごろから南北朝時代にかけて，秩序に従わない武士として**悪党**（→p.88）と呼称され，さらに南北朝時代後半には，地域に深く根をおろして実力を蓄えた在地の有力武士（国人，→p.91）が多数姿をみせるようになる。
>
> ❺ **農村社会の変化** 農民の地縁的自治組織である惣（惣村，→p.100）が成長して力をつけ，領主支配などに抵抗するようになった。
>
> ❻ **経済状況の変化** 貨幣経済の浸透を背景に土倉・酒屋などの金融業者が登場し，かれらが戦闘を支える資金源としての役割を果たすようになった。

4 守護大名と国人一揆

14世紀，**南北朝の動乱**のなかで，室町幕府は守護に大犯三カ条以外の権限を認め，守護を通して地域の有力武士（国人と呼ばれた）を組織化しようとした。次に示したような守護権限の拡大を背景に，有力武士の組織や国衙機能の吸収，**守護請**（荘園・公領における定額の年貢納入を守護が請け負うこと）の実現などを果たして地域的な支配権を確立した守護のことを，鎌倉幕府体

制下の守護と区別して守護大名ともいう。

　鎌倉時代の地頭層の系譜をひく地域の有力武士は，南北朝期後半になると，地域に深く根をおろして国人と形容されるようになった。守護の成長とともにその家臣となる国人も多かったが，一方で，守護大名の支配が弱体な地域などでは，国人間の紛争を自力で解決し，また実力をつけてきた農民を服従させるために，国人たちは互いに契約を交わして地域的な一揆（→p.100）を形成した。

　長期にわたる南北朝の動乱も，3代将軍足利義満のころ，ようやく終息へと向かっていった。1392年，義満は南朝を事実上吸収するかたちで南北朝の合体を果たし，全国政権を確立した。

　南北朝の動乱は，朝廷・公家勢力を弱体化させ，支配勢力としての武家の地位を確かなものにした。義満は，外交権（日明貿易，→p.95）や京都の市政権（警察権・裁判権・課税権など）を握ることに成功していく。

　こうしてようやく安定期を迎えた室町幕府のもつ最大の政治的性格は，有力守護大名との連合政権だったことである。足利義満は，奉公衆と呼ばれる将軍家の直轄軍を整備して守護大名の牽制にあたらせると同時に，有力守護大名の利用と統制に努めた。

要点

❶ **刈田狼藉のとりしまり（検断）** 田地をめぐる紛争の際，実力で相手方の稲を刈りとってしまう行為をとりしまる権限。

❷ **使節遵行** 幕府の裁判の判決を強制執行する権限。

❸ **半済** 観応の擾乱にともなう混乱が続いていた1352年，幕府は，近江・美濃・尾張3国の守護に対して，1年のみという約束で荘園・公領の年貢の半分を軍費調達のために徴発する権利を認めた（観応の半済令）。戦乱のなかで力を強めつつあった守護たちがこの法令を拡大解釈したため，半済は全国的かつ永続的におこなわれるようになり，ついには土地そのものの分割が認められるにいたった。

　これによって守護（守護大名）は，土地を与えて国内の武士をみずからの統制下にくみいれることが可能になった。

❹ **国人一揆** 国人一揆は，構成員の平等・多数決による決定を原則とし，一致団結して自主的な地域権力をつくりあげ，守護大名の支配にもしばしば抵抗した。

❺ **守護大名の利用** 将軍の補佐役である管領には，足利氏一門の有力守護である細

川・斯波・畠山氏(三管領)が交代で就任。侍所の所司(長官のこと)には、赤松・一色・山名・京極氏(四職)が交代で就任した。

これらの有力守護は在京して重要政務の決定にあたり、また一般の守護も領国は**守護代**に統治させ、自身は**在京して幕府に出仕する**のが原則だった。

❻ 守護大名の統制　具体例には、(a)土岐康行の乱(1390年、美濃・尾張・伊勢の守護を兼ねる土岐氏を討伐)、(b)明徳の乱(1391年、11カ国の守護を兼任し「六分の一衆」と称された山名氏の勢力を削減)、(c)応永の乱(1399年、幕政の中枢に参画して功績をあげた大内義弘を討伐)がある。

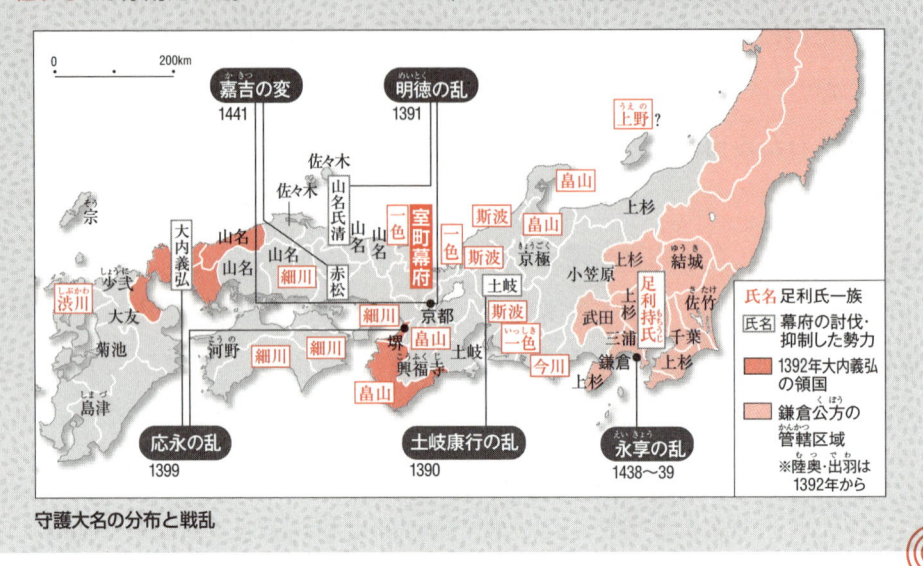

守護大名の分布と戦乱

5 室町幕府の財政基盤

各地に散在する**御料所**(将軍の直轄領)の規模が小さかったため、室町幕府は年貢などの収入だけで政権を運営することはできなかった。このため、**段銭・棟別銭**、**土倉役・酒屋役**、関銭・津料、日明貿易の利益など、**貨幣収入に対する依存度**が高まっていった。

発展　足利義満の権力

足利義満は、有力守護の勢力を削減して守護の統制を強化し、北朝が南朝を吸収するかたちで内乱を終息させた。朝廷に対しては、太政大臣に就任するなど公卿としての官位を極めるとともに、その世俗的権力(京都市政権)を接収して名実ともにその権限を吸収した。

さらに、出家して公武を超える立場に立ち、明から「日本国王」に認定されることによって、明を中心とする東アジアの国際秩序のなかで、義満が日本国を代表する地位にあることを明確にする(外交権の掌握)と同時に、国内における統一的支配者としての立場を強化した。

重要用語

- □持明院統　□大覚寺統　□両統迭立　□後醍醐天皇　□悪党
- □足利高氏(尊氏)　□建武の新政　□記録所　□雑訴決断所　□綸旨　□北朝
- □建武式目　□室町幕府　□南朝　□観応の擾乱　□北畠親房　□地縁的結合
- □単独相続　□南北朝の動乱　□守護請　□国人　□足利義満
- □南北朝の合体　□奉公衆　□半済令　□守護大名　□国人一揆　□管領
- □三管領　□四職　□守護代　□御料所　□段銭　□棟別銭　□土倉役
- □酒屋役

MEMO

7 東アジア世界との交流

1 全体的特徴

中世における東アジア，とりわけ大陸との関係は，日元貿易→倭寇活発化（南北朝時代）→日明貿易→倭寇活発化（戦国時代），という展開をみせる。

要点

❶ **日元貿易** 建長寺船（建長寺再建費用を得るために鎌倉幕府が元に派遣した船）や天龍寺船（天龍寺造営費用を得るために足利尊氏が元に派遣した船）にみられるように，元寇の発生にもかかわらず，日元間の私的な交易は極めて活発だった。

❷ **倭寇** 日本の混乱期に日本人を含む海賊集団（倭寇）の動きが激しくなった。

❸ **日本商人** 中世を通じて，堺や博多などの日本商人の渡航が拡大・本格化していった。

まとめ 前期倭寇と後期倭寇

14世紀	中国ではモンゴル民族の元から漢民族の明への王朝交代があり，日本は南北朝の動乱期だった。 ⇒ **前期倭寇の登場**。前期倭寇には日本人以外にも多くの朝鮮人が参加していたが，その混乱のなかで朝鮮半島では，1392年，倭寇鎮圧を通じて軍事力を掌握した李成桂がクーデタによって高麗を滅ぼし，朝鮮（李朝）を建国した。
15世紀	明が冊封体制を再構築して海禁政策をとり，朝鮮（李朝）も倭寇に対する懐柔政策を展開。日本では，室町幕府の支配が安定期を迎えた。 ⇒ **前期倭寇，沈静化へ**。
16世紀	明の衰退が顕著になり，日本では戦国時代が継続。また西欧勢力が東アジアでの貿易に参入した。 ⇒ **後期倭寇の登場**。後期倭寇は，明の海禁政策に反抗する中国人密貿易商に加えて，日本人や西欧人（ポルトガル人）など，国家的な枠組みにとらわれない多様な勢力が参加した。
16世紀末以降	倭寇対策を徹底してきた明は，海禁政策を緩和する措置をとった。また，日本では権力が統一され，豊臣秀吉の海賊取締令などを経て土地・人民の把握が進行した。さらに江戸幕府がいわゆる「鎖国」体制を構築していった。 ⇒ **後期倭寇，沈静化へ**。

2 日明貿易

1368年，モンゴル人の支配した元が打倒され，漢民族による統一王朝である**明**（初代皇帝朱元璋＝洪武帝）が成立した。

日明貿易（**勘合貿易**）は，東アジアの伝統的な国際秩序にもとづき，日本が明に朝貢するかたちをとって展開された（**朝貢貿易**）。

要点

❶ **明の外交政策** 明は，周辺諸国の国王と冊封関係（中国皇帝が朝貢した周辺諸国の国王に称号などを授与する関係，→ p. 18）を結び，それら国王の派遣する使節が朝貢してきた場合にのみ貿易を許し，一方で，**一般の中国人の海外渡航や海上貿易を禁止した**（海禁政策）。

このような明を中心とする国際秩序のなかで展開された代表的事例が日明貿易で，そこでは勘合（明の皇帝から日本国王に与えられた渡航証明書）を持参した遣明船による朝貢形式の貿易が展開され，勘合の照合作業は遣明船の寄港地と定められた寧波でおこなわれた。

❷ **日明貿易の開始** 14世紀後半の一時期，明は南朝方の懐良親王を「日本国王」に任じた。その後，公武の両面で政治を主導しうる強力な権力を築いた**足利義満**が明から日本を代表する者とみなされ，15世紀初頭に「日本国王」の承認をうけ，勘合貿易を開始した。

❸ **日明貿易の中断と再開** 4代将軍足利義持は明に臣下の礼をとることを嫌い，さらに天候不順による飢饉など国内の情勢不安も相まって貿易を中止し，明の冊封体制から事実上離脱した（1411年）。この決断は，「神国」観念を強くもっていた公家など支配層の一部からは歓迎された。

一方，6代将軍足利義教の時代に日明貿易は再開されることになる（1432年）が，これは貿易の利益を求めた結果だったと考えられている。

❹ **日明貿易の混乱** 応仁の乱（1467～77年）後，細川氏（堺商人と提携）と大内氏（博多商人と提携）が日明貿易の実権を掌握し，1523年には両者の衝突事件が発生した（**寧波の乱**）。以後，貿易は大内氏の独占するところとなったが，1551年，大内氏が滅亡し（→ p. 109），この勘合貿易も断絶した。

発展 日明貿易の開始（義満の国書）と経過

日本准三后某，書を大明皇帝陛下に上る。日本国開闢以来，聘問を上邦に通ぜざること無し。某，幸にも国鈞を乗り，海内に虞れ無し。特に往古の規法に遵ひて，肥富をして祖阿に相副へしめ，好を通じて方物を献ず。……　　　　　（『善隣国宝記』）

入明年	渡航船
1401	幕府船　　　　　　　　　　　　　　　　　　　　　　　　　【義満，明に遣使】
1403	幕府船
1404	幕府船　　　　　　　　　　　　　　　　　　　　　　　　　【勘合貿易開始】
1405	幕府船
1407	幕府船
1408	幕府船
1408	幕府船
1410	幕府船　　　　　　　　　　　　　　【1411 中断（義持）⇒ 1432 再開（義教）】
1433	幕府船・相国寺船・山名船・大名寺社十三家船・三十三間堂船
1435	幕府船・相国寺船・大乗院船・山名船・三十三間堂船
1453	天龍寺船・伊勢法楽舎船・九州探題船（聖福寺造営船）・大友船・大内船・大和多武峰船
1468	幕府船・細川船・大内船
1477	幕府船・相国寺勝鬘院船　　　　　　　　　　　　　　　　　【1467〜77 応仁の乱】
1484	幕府船・内裏船
1495	幕府船・細川船
1511	大内船・細川船
1523／1523	大内船／細川船　　　　　　　　　　　　　　　　　　　　　【1523 寧波の乱】
1540	大内船
1549	大内船　　　　　　　　　　　　　　　　　　　【最後の遣明船 ⇒ 1551 途絶】

3 日朝貿易の特徴

　朝鮮半島では，1392年，李成桂によって高麗にかわって朝鮮（李朝）が生まれ，日本に倭寇の禁圧と通交を求めてきた。倭寇の被害が深刻だった朝鮮（李朝）は，「日本国王」との通交以外にも，国人・商人など多様な人々（「倭人」）の朝貢をうけいれる方針をとり，「人臣に外交なし」という東アジア外交の基本原則を維持することができなかった。このため日本からの渡航者が増えると，朝鮮（李朝）は対馬の宗氏を通して統制を強め，次第に対馬の宗氏による日朝貿易の独占が進行していった。

要点

❶ **応永の外寇** 1419年，朝鮮（李朝）が対馬を倭寇の根拠地とみなして攻撃。この**応永の外寇**により日朝貿易は一時中断した。

❷ **三浦の乱** 朝鮮（李朝）が日朝貿易のために開いていた貿易港には，富山浦（釜山）・乃而浦（薺浦）・塩浦（蔚山）の3港があった（三浦）。1510年，これら貿易港で日本人の暴動が発生。以後，次第に日朝貿易は衰微した。

❸ **日朝貿易における輸入品** 日朝貿易における輸入品の代表は**木綿**で，それは人々の生活様式に大きな影響を与えた。

木綿という言葉は，綿花・綿糸・綿織物いずれの略称としても使用される。日朝貿易により本格的に日本にもたらされた木綿は，肌ざわりがよくて暖かく，じょうぶで染色しやすいといった特徴をもち，軍衣・船舶の帆などの軍需品として利用され，まもなく庶民にも普及していった。**日常衣料が麻から木綿へと転換**していった事態を，衣料革命と呼んでいる。

4 琉球王国と中継貿易

現在の沖縄では，北山・中山・南山の3地方勢力（三山）が成立して争っていたが，15世紀前半に中山により統一されて**琉球王国**が誕生した。**琉球王国**の繁栄は，貿易によってもたらされた。

要点

❶ **琉球王国** 1429年，中山王の**尚巴志**が王国を建国。

❷ **中継貿易** 琉球船の活動範囲は，明・日本・朝鮮から東南アジア地域にまで拡大した（中継貿易）。しかし16世紀後半以降，ポルトガル人の進出により，**日本・朝鮮・東南アジア諸国を結んで中国に朝貢する中継貿易**を成立させてきた琉球船の活動は，交易ルートを奪われて衰退していくことになった。

琉球の中継貿易

重要用語

□倭寇　□明　□日明貿易　□勘合貿易　□朝貢貿易　□足利義満
□寧波の乱　□李成桂　□朝鮮　□宗氏　□日朝貿易　□応永の外寇　□木綿
□琉球王国　□尚巴志

MEMO

8. 下剋上の世へ

1 永享の乱

　室町幕府は，足利義満の時代に頂点を築いたのち，6代将軍足利義教のころから動揺と混乱が顕著になっていった。まず，永享の乱が発生する。

> **要　点**
>
> ❶ **足利義教**　6代将軍足利義教については，くじ引きで将軍に選ばれたこと，日明貿易を再開して貿易利潤を幕府の財源としたこと，永享の乱（1438～39年）で足利持氏を討滅するなど専制政治をめざしたこと，嘉吉の変（1441年）で赤松満祐に殺害されたこと，を確認しておきたい。
>
> ❷ **永享の乱**　1438年発生。6代将軍足利義教が関東管領上杉憲実と結び，鎌倉公方足利持氏を討伐した東国の内乱。背景には，**将軍権力の強化をねらう幕府**と，**東国を独自に支配する傾向を強めた鎌倉府**との対立があった。
>
> ❸ **鎌倉府**　室町幕府が東国支配のためにおいた機関。鎌倉府の長官を**鎌倉公方**，その補佐役を**関東管領**といった。

2 嘉吉の変

　6代将軍足利義教の守護抑圧策が強化されるなかで，不安感を強めた有力守護**赤松満祐**は，1441年，京都の赤松邸での祝宴に義教を招いて暗殺した。将軍の死は当時，「自業自得」「此の如き犬死，古来例を聞かざる事なり」と評され，また，この嘉吉の変の直後に，「代始めの徳政」を要求する嘉吉の徳政一揆が発生した。

　こうして幕府政治はますます混迷の度を深め，1467年，戦国時代の到来を告げる応仁の乱がはじまることになる。

3 惣村の形成と土一揆

　中世は，社会の様々な階層に位置した人々が急速に力をつけていった時代だといってよい。その際しばしば，日常では達成できないような目的に到達

するために，人々は，同じ気持ちを共有して一体化(一味同心)した集団を結成した。これを一揆と呼んでいる。

農民たちも，鎌倉時代後期以降の農業生産力の向上を背景に，みずからの手で，地縁にもとづく自治的な結合をつくりだしていった。これを惣(惣村)といい，中世後半，畿内とその周辺地域には，多くの惣村が形成された。

農民の地縁的自治組織として宮座(地域の神を祀る人々)による神事を結合の中心とした惣村では，村民(惣百姓)は寄合という会議で，村法(惣掟)の決定，指導者(おとな・沙汰人)の選出などをおこない，灌漑用水や山林・原野などの入会地を共同で管理した。さらに，惣掟違反者や犯罪者を処罰する地下検断(自検断)をおこない，領主への年貢納入を惣村でまとめて請け負う地下請(村請・百姓請)によって外部勢力の介入を排除しようとした。

強い連帯意識で結ばれた惣村の住民たちは，しばしば，強訴・逃散などのかたちで領主の支配に抵抗し，15世紀前半に発生する徳政一揆や土一揆の母体を形成した。

要点

❶ 正長の徳政一揆 1428年，近江の馬借(運送業者)の蜂起をきっかけに，土一揆が京都の酒屋・土倉などを襲撃。実力による債務破棄などの徳政実施行動(私徳政)が展開された。これを正長の徳政一揆という。

❷ 播磨の土一揆 1429年，土一揆が守護赤松氏の勢力に播磨国からの退去を迫った。

❸ 嘉吉の徳政一揆 1441年，嘉吉の変をきっかけに，数万の土一揆が「代始の徳政」を要求。これを嘉吉の徳政一揆といい，幕府は徳政令の発布を余儀なくされた。

発展 一揆のもつ平等性

惣村における結合や国人一揆(→p.91)などはいずれも，神仏への誓約・信仰を通じて人々が団結し，一揆を結ぶ点では共通していた。特に一向宗(浄土真宗)や日蓮宗(法華宗)への信仰を中心として，武士や農民などさまざまな階層の人々によって結ばれたのが一向一揆や法華一揆であり，室町時代後期～戦国時代になると，こうした一揆は惣村や町の自治をになう中心的な力を発揮した。

また，一揆内部においては合議による運営が常に原則とされたが，この合議にもとづく意思決定方式は，一揆構成員全体による決定という意味合いを強くもっていた。神仏のもとに結ばれた一揆の構成員同士は互いに対等・平等である，と意識された。

> **発展　分一銭**
>
> 　嘉吉の徳政令は土倉・酒屋に壊滅的な打撃を与えた。このため，土倉・酒屋から徴収する土倉役・酒屋役を大きな財源としていた室町幕府も，深刻な財政難に陥ることになった。以後，室町幕府は，分一銭徴収方式を導入し，徳政令を乱発することで幕府財政を補おうとしていった。
>
> 　分一銭とは，債権・債務額などの何分の一かの割合で負担する銭のことをいい，室町幕府の分一徳政令では，債権・債務額の10分の1あるいは5分の1を幕府に納入すれば，債権者の場合は徳政の適用を逃れ，債務者の場合は債務が破棄されるとした。

4　応仁の乱と国一揆

　応仁の乱は，将軍家の家督相続争い（8代将軍**足利義政**の弟義視と義政の子で妻日野富子の生んだ義尚），管領家畠山・斯波両氏の内紛に，幕府の実権掌握を狙う**細川勝元**と**山名持豊**（宗全）の対立がからんで発生した。それは，11年におよぶ京都を主戦場とする争乱（1467〜77年）へと発展していった。

　応仁の乱の結果，京都が荒廃し，幕府の衰亡・荘園制の衰退が決定的になった。また，全体として**下剋上**の潮流が強まり，戦国大名の成長がうながされた。

　応仁の乱後には，下剋上の風潮が高まるなかで，ある特定地域の自治支配に成功する一揆（**国一揆**）も展開された。

	西軍	東軍
将軍家	義視	義政 ｜ 義尚
畠山家	持国 ｜ 義就	持富 ｜ 政長
斯波家	義廉	義敏
幕府実力者	山名持豊	細川勝元
有力大名	大内・一色 土岐・六角	赤松・京極 武田

応仁の乱の対立関係（1468年頃）

> 要点

❶ 山城の国一揆　1485年，南山城の国人らが畠山氏の軍を国外退去させることに成功した。この山城の国一揆を主導して独自の国掟を定めた国人たちは，南山城を8年間にわたって自治的に支配していった（～1493年）。

❷ 加賀の一向一揆　1488年，加賀の浄土真宗（→p.83）本願寺派の勢力によって結成された一揆（一向一揆）が，守護勢力を打倒した。以後約1世紀にわたり，一揆は，本願寺領国として加賀を自治的に支配し，「百姓ノ持タル国」（『実悟記拾遺』）と形容された（～1580年）。

加賀の一向一揆の背景には，本願寺の蓮如（兼寿）による布教があった。蓮如は，平易な文章で教えを説いた御文を用い，講を組織して惣村を直接つかむことで，北陸・東海・近畿地方に本願寺の勢力を拡大していった。

5 室町時代の産業

室町時代には，農業の集約化・多角化が進展し，また様々な商品の生産や販売が広範におこなわれるようになった。

> 要点

❶ 肥料　刈敷・草木灰・下肥が広く普及し，収穫が安定していった。

❷ 田の有効利用　二毛作に加え，畿内では三毛作も実施された。

❸ 品種改良　稲の生育速度が異なる早稲・中稲・晩稲といった品種が登場した。

❹ 貨幣経済　貨幣は，中国の宋銭や明銭（永楽通宝）が使用された。ただし，粗悪な私鋳銭も流通したため，撰銭（悪銭を嫌って精銭を選ぶ行為。精銭とは良質な銭のこと）が一般化し，しばしば経済活動の障害になった。

戦国大名などは，悪銭と精銭の使用割合などを規定した撰銭令をしばしば発して，領国内などでの円滑な貨幣流通を図っている。

❺ 商業活動　(a)油の原料である荏胡麻の購入と油の販売を独占的におこなうことで繁栄した大山崎の油座など，商工業者たちの同業者組合である座の数が急増し，また，(b)金融業者である酒屋・土倉，(c)海や川を往来する廻船，(d)問丸から発展した問屋，(e)運送業者である馬借・車借，なども増加した。さらに，(f)割符（一定金額の支払いを約した証書）を利用した遠隔地取引が活発化するなかで，(g)定期市では六斎市もはじまり，(h)都市部では見世棚（店棚）が一般化していった。

京都の商店街(『洛中洛外図屏風』、部分) 見世棚や振売(行商人)がみえる。

室町時代の商人(左:『石山寺縁起絵巻』、右:『福富草子』より)

連雀商人(行商人)　桂女

重要用語

□足利義教　□鎌倉府　□鎌倉公方　□関東管領　□赤松満祐　□一揆
□惣(惣村)　□惣百姓　□寄合　□惣掟　□地下請　□土一揆
□正長の徳政一揆　□嘉吉の徳政一揆　□応仁の乱　□足利義政　□細川勝元
□山名持豊　□下剋上　□国一揆　□山城の国一揆　□加賀の一向一揆
□蓮如　□御文　□下肥　□三毛作　□明銭　□撰銭　□撰銭令　□酒屋
□土倉　□問屋　□馬借　□車借　□割符　□六斎市　□見世棚

MEMO

8. 下剋上の世へ

9 室町文化

1 南北朝文化（14世紀）

南北朝時代は、戦いが日常化していた時代だった。その緊張感のなかから、いくつかの歴史書・軍記物語が誕生し、また、動乱の時代を反映した文化現象も生じた。

要点

❶ **歴史書・軍記物語** 『**神皇正統記**』は、北畠親房が南朝の正統性を主張するためにあらわした歴史書。伊勢神道（→p.84）の影響が大きい。

また、後鳥羽天皇の誕生（1180年）から後醍醐天皇の京都還幸（1333年）までの約150年間の出来事を公家の目をとおして描いた歴史書で、いわゆる四鏡（「鏡」の名をもつ『大鏡』『今鏡』『水鏡』『増鏡』）最後の作品にあたる『増鏡』も、14世紀後半に成立したと考えられている。

さらに、承久の乱から室町幕府の成立までの過程を武家の立場から記録した歴史書『梅松論』や、南北朝の動乱全体を描いた軍記物語『太平記』がつくられた。

❷ **「バサラ」の登場** 「バサラ」（ばさら・婆娑羅）とは、華美でぜいたくな装いや破天荒なふるまいのことをさし、南北朝時代には、そうした「バサラ」の風潮が社会をおおった。佐々木道誉がバサラ大名として知られる。

❸ **庶民文化** 庶民文化にかかわる面では、複数の人間で和歌の上句と下句をつなげていく連歌（「二条河原落書」）や、大衆的な歌舞劇である**能楽**、茶の味を飲みわけて勝負する**闘茶**などの**茶寄合**が流行した。

連歌は、「二条河原落書」では「一座ソロハヌエセ連歌　在々所々ノ歌連歌」と皮肉られていたが、二条良基らによって、連歌集として『菟玖波集』、連歌の規則書として『応安新式』が成立し、その形式と地位を確立していった。

2 北山文化（14世紀末〜15世紀前半、将軍義満の時代前後）

北山文化は、まず鹿苑寺**金閣**に注目しておくことが大切になる。鹿苑寺金閣は、寝殿造風の建築の上に禅宗様の仏殿があり、**公家文化と中国文化を折衷**したものになっている。

鹿苑寺金閣

このことからもわかるように，北山文化の時代，武士は文化の担い手へと成長するが，まだ，その独自性を示すにはいたらなかった。

> **要 点**
>
> ❶ **臨済宗** 仏教文化の面では，幕府に保護された臨済宗が発展し，中国文化の影響を強くうけることになった。
>
> ❷ **五山・十刹の制** 臨済宗寺院の寺格・序列を示す制度。南禅寺を別格とし，京都と鎌倉にそれぞれ**五山**が設定された。五山につぐ寺院のことを**十刹**という。
>
> ❸ **禅僧の活動** 宋学の研究や漢詩文の創作（**五山文学**）・出版（五山版）などをさかんにおこなった五山僧たちのなかには，**幕府の政治・外交顧問**になる者もいた。
>
> ❹ **夢窓疎石と明兆・如拙・周文** **夢窓疎石**は，後醍醐天皇や足利尊氏の厚い帰依をうけた臨済僧で，天龍寺の開山。多数の優秀な弟子を育成して臨済宗を隆盛へと導いた。また，**明兆・如拙・周文**は，**水墨画**の基礎を築いた五山僧である。
>
> ❺ **芸能** 芸能に関するものとして，足利義満に寵愛された**観阿弥・世阿弥**父子の存在が重要である。観阿弥・世阿弥は，伝統的な芸能として演じられてきた能を芸術の域へと高め，猿楽能を大成した。世阿弥の残した理論書『**風姿花伝**』は，演劇論をテーマとした最古の書物としても知られている。
>
> また室町時代には，笑いの世界や社会風刺をあつかった庶民劇である**狂言**や，絵入りの平易な短編物語である**御伽草子**などに親しむ人々も増えていった。

観世能図

3 東山文化（15世紀後半，応仁の乱前後）

応仁の乱後，足利義政が京都の東山に山荘（慈照寺銀閣はその遺構）を営んだところから，15世紀後半期の文化は東山文化と呼ばれている。慈照寺**銀閣**は上層が禅宗様（→ p.86），下層が書院造風の建物である。この**書院造**に示されるように，簡素・幽玄・枯淡の美が重視された東山文化の時代に，武家はついに，その文化的独自性を創出するにいたった。

9．室町文化 **105**

> 要点

❶ **書院造と枯山水** 書院造は，慈照寺・東求堂同仁斎などにみられる建築様式。棚・付書院などをもち，近代和風住宅の原型になった。
　また**枯山水**は，岩石と砂利で自然を象徴的に表現する，日本特有の作庭様式をいう。龍安寺・大徳寺大仙院・西芳寺などの庭園が有名。

大徳寺大仙院庭園

❷ **水墨画と茶道** 水墨画では，**雪舟**が日本的様式を創造し(『四季山水図巻』)，茶道では，闘茶などの流行を経て，村田珠光が禅の思想にたつ**侘茶**を創出した(→p.121)。

秋冬山水図(冬景，雪舟筆)

❸ **一条兼良** **一条兼良**は，「日本無双の才人」，「本朝五百年以来この殿ほどの才人は御座有るべからず」と評された，室町時代を代表する学者。その代表的著作『公事根源』(朝廷の年中行事を詳説した有職故実の書)，『樵談治要』(9代将軍足利義尚への政治意見書)，『花鳥余情』(『源氏物語』の注釈書)を確認しておきたい。

❹ **吉田兼倶** 反本地垂迹説(→p.84)に基づく唯一神道を完成して，神道を中心に儒学・仏教を統合しようと試みた。

❺ **大和絵と彫刻・工芸** 伝統的かつ日本的絵画のことを意味する大和絵(→p.160)の分野では，応仁の乱後，**土佐派**(→p.160)の基礎が固められ，また新しい画風をもつ**狩野派**(→p.120)が生まれた。
　彫刻・工芸の分野では，能の隆盛につれて繊細な**能面**が制作されるようになり，また，後藤祐乗が刀剣にとりつける金具の装飾様式の水準を高めた。

❻ **連歌** 南北朝時代に二条良基が連歌の規則(『応安新式』)などをまとめたのち，東山文化の時代には，宗祇が『新撰菟玖波集』などを編纂して**正風連歌**を確立した。

4 戦国期の文化(16世紀)

　戦国期には，多くの文化人が集まった城下町山口(大内氏)や各地を遍歴した**連歌師**の活躍などに代表されるように，**文化の地方普及が急速に進展**した。
　一般論として戦乱の時代は，富を拡大しようとする動き(余剰生産物の発生は文化享受層の拡大に直結する)と，ヒト・モノの激しい移動が顕著になるため，文化の地方普及や融合が進行する。院政期・南北朝期・戦国期いず

れも同様の傾向をもつ。特に戦国期は、直前に京都を戦場とする応仁の乱が存在したため、文化人・知識人の地方への退避行動がともなっていた。

要点

❶ **仏教** 幕府に庇護されてきた五山派が衰退し、自由な布教活動を展開した禅宗諸派・諸寺院のことをいう**林下**が地方での支持を広げた。代表的な林下は、曹洞宗の永平寺(越前)・総持寺(能登)、臨済宗の大徳寺・妙心寺(いずれも京都)など。

また、浄土真宗(一向宗)は北陸・東海・近畿地方に影響力を拡大し(→p.102)、日蓮宗(法華宗)は京都で一時大きな勢力を築いた(→p.112)。

❷ **朱子学** 中国の朱子が体系化した儒学の一派。鎌倉時代末期、禅と一致する学問(宋学、→p.85)として伝来した。(a)薩摩などで朱子学をはじめとする中国の新思潮を紹介した桂庵玄樹、(b)土佐で朱子学を講じて南学の祖となった南村梅軒、がよく知られている。

❸ **足利学校** 室町時代中期に、関東管領上杉憲実が下野の**足利学校**を再興。多数の書籍をそろえ、戦国期には禅僧や武士が全国から集まった。最盛期の生徒数は約3000人。

❹ **教育の充実** 戦国期になると、地方の武士の子弟を寺院に預けて教育をうけさせる習慣が形成され、『庭訓往来』(12カ月にわたる往復の手紙文形式で生活に密着した知識を網羅的に紹介した往来物)や『御成敗式目』などが教科書として用いられていた。

重要用語

□『神皇正統記』　□『太平記』　□「バサラ」　□能楽　□闘茶　□茶寄合
□金閣　□五山　□十刹　□五山文学　□夢窓疎石　□水墨画　□観阿弥
□世阿弥　□狂言　□御伽草子　□銀閣　□書院造　□枯山水　□雪舟
□侘茶　□一条兼良　□土佐派　□狩野派　□能面　□正風連歌　□連歌師
□林下　□足利学校

論述問題研究❼………応仁の乱と文化

次の(1)〜(4)の文章を読んで、あとの設問に答えなさい。

(1) 応仁の乱以前、遠国を除き、守護は原則として在京し、複数国の守護を兼ねる家では、守護代も在京することが多かった。乱以後には、ほぼ恒常的に在京した守護は細川氏だけであった。
(2) 1463年に没したある武士は、京都に居住し、五山の禅僧や中下級の公家と日常的に交流するとともに、立花の名手池坊専慶に庇護を加えていた。
(3) 応仁の乱以前に京都で活躍し、七賢と称された連歌の名手には、山名氏の家臣など3人の武士が含まれていた。

(4) 応仁の乱以後, 宗祇は, 朝倉氏の越前一乗谷, 上杉氏の越後府中, 大内氏の周防山口などを訪れ, 連歌の指導や古典の講義を行った。

設問

応仁の乱は, 中央の文化が地方に伝播する契機になったが, そのなかで武士の果たした役割はどのようなものであったか。乱の前後における武士と都市との関わりの変化に留意しながら, 150字以内で述べなさい。

(東大, 2014年度)

ヒント

一見すると文化史の問題にみえるが, 連歌や茶の湯などについての知識が求められているわけではない。文章(1)〜(3)が応仁の乱以前, 文章(4)が応仁の乱後であることを前提に, 与えられた文章すべてを有効に活用したい。

MEMO

10　戦国の争乱

1 戦国大名の登場

　応仁の乱後に本格化した下剋上の世の中は，一方で，地域に根をおろした実力ある支配者の台頭をうながしていった。争乱の過程で，守護大名・守護代・国人など様々な階層の武士たちのなかから，頭角をあらわす者が登場することになる。

　みずからの実力で領国（分国）をつくりあげ，独自の一元的な領域支配を実現した者を戦国大名という。

要点

❶ **関東地方**　関東は応仁の乱以前から戦国時代に突入した。この混乱に乗じて**北条早雲**が台頭。小田原を本拠とした北条氏（後北条氏）は，関東の大半を支配する大名へと成長した。

❷ **中部地方**　16世紀にはいると，越後・越中の**上杉謙信**と甲斐から信濃へと領国を拡大した**武田信玄**が激しく対立した。

❸ **中国地方**　1551年，守護大名として力をもっていた周防・長門の大内義隆が家臣の陶晴賢に滅ぼされ，さらに陶氏を安芸の国人**毛利元就**が打倒。毛利氏は，中国地方へと勢力を拡大した。

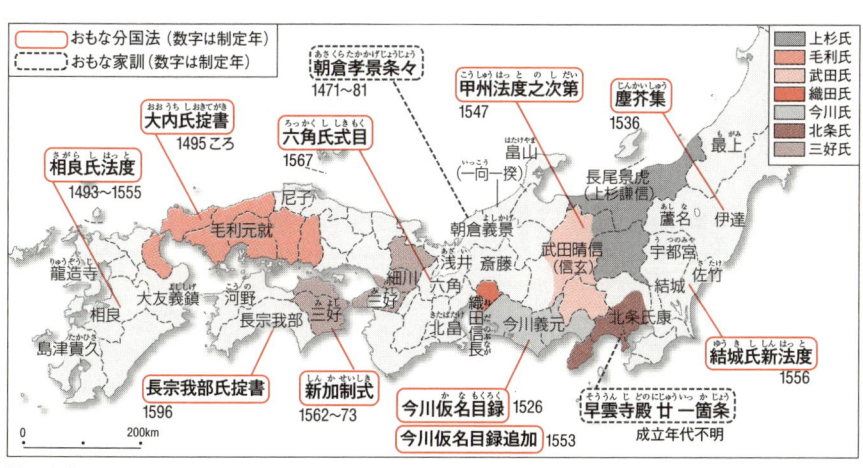

戦国大名の配置と主な分国法・家訓（16世紀半ば頃）

2 戦国大名の領国支配

戦国大名は，家臣団統制や領国支配のための政策を次々に打ちだしていった。

> 要 点

❶ **指出検地** 土地の面積・収入額・耕作者などを記した土地台帳（**検地帳**）を，家臣などに提出させる**自己申告方式**の**検地**。これにより，戦国大名は農民と土地に対する直接的な支配を強化していった。

❷ **貫高制** 領国内の土地・地代などを銭に換算した数値を**貫高**といい，領国の直接支配をめざす戦国大名は，この貫高を，農民への年貢賦課と家臣への軍役賦課の基準とした。ただし**貫高制**は，自己申告方式の検地（指出検地）を前提としていること，自立性の強い家臣の所領を検地できなかった例もあることなど，なお不徹底で過渡的な性格が強かった。

❸ **寄親・寄子制** 戦国大名は，家臣らの城下町集住政策を進めると同時に，家臣団にくみいれた多数の地侍（村落指導者であると同時に大名などと主従関係を結んで侍身分を獲得した者）を有力家臣に預けるかたちで組織化した。これを**寄親・寄子制**といい，この制度を機能させることで，鉄砲や長槍など新しい武器を使った集団戦の遂行を図っていった。

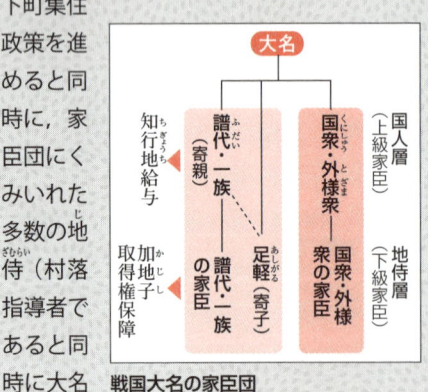

❹ **分国法** 戦国大名のなかには，領国支配の基本法である**分国法**を制定する者もあらわれ，多くの分国法には**喧嘩両成敗法**が規定された。

喧嘩両成敗法とは，私的に武力を行使して争った者を，理由を問わずに双方とも処罰することをいい，中世社会に存在した**自力救済の観念を否定**する性格をもつものだった。そこには，国人一揆などの私戦を禁止し，大名の裁判による解決を強制することで，領国の平和を実現する意図があったと考えられている。この姿勢は，豊臣秀吉がうちだした惣無事令にもうけつがれることになる（→ p.116）。

❺ **富国策** 戦国大名は，**城下町**の建設，大河川の治水・灌漑，商工業者の結集，交通制度の整備，商業取引の円滑化（関所廃止・市場開設など），鉱山の開発（この過程で金銀の生産量が激増）などを積極的に推進した。

戦国大名の家臣団

- 大名
  - 譜代（寄親）・一族 → 知行地給与
    - 足軽（寄子）
    - 譜代・一族の家臣
  - 国衆・外様衆 → 加地子取得権保障
    - 国衆・外様衆の家臣

（上級家臣）国人層
（下級家臣）地侍層

3 都市の発展

戦国時代には，商業活動の発展にも支えられて各地で都市の建設が進み，

その繁栄が顕著になった。

> **要点**
>
> ❶ **城下町** 戦国大名の居城を中心にして形成された。家臣のほかに商工業者の集住もうながされ、領国の中心として発展した（朝倉氏の一乗谷、大内氏の山口など）。城下町では、しばしば特権的な商工業者の存在（**市座**）を排除して営業の自由などを認める楽市令が発せられ、経済の活性化が図られた。
>
> ❷ **門前町** 参詣者が多数往来する寺社の門前に形成された。
>
> ❸ **寺内町** 中世末期から近世初頭にかけて畿内などに形成された宗教都市。おもに浄土真宗（一向宗）寺院を中核として寺院と都市が密接に結びつき、都市周辺部には堀や土塁が築かれて要害の役割を果たした。代表的な**寺内町**に、越前国吉崎（1471年に蓮如が坊舎を建設、ただし本格的な都市形成にはいたらず）、山城国山科本願寺（1479年から1532年にかけて本願寺設置）、摂津国石山本願寺（1532年に山科から本願寺移転）などがある。これら寺内町は、対外的には徳政不適用などの特権をもつ自治的都市としての性格を有し、また自由な商業取引を原則とする**楽市**として存在するものも多く、商工業者・農民など門徒が多数群集して経済的に繁栄した。たとえば、当時来日していた宣教師ガスパル＝ヴィレラは、石山本願寺のことを「日本の富の大部分は、この坊主の所有なり」（『耶蘇会士日本通信』）と形容している。
>
> なお、寺内町の建設は織田信長の時代までで、豊臣秀吉は寺内町の様々な特権を否定したため、本来の機能が失われていった。たとえば、門徒が多数集まって寺内町として発展した石山は、織田信長との1570年からの11年におよぶ石山戦争により本願寺勢力が退去させられ、そののち、1583年から豊臣秀吉によって大坂城と城下町が建設された。

4 堺・博多・京都

自治都市としての性格をもつ代表的な都市として、**堺・博多**・京都などが知られている。

> **要点**
>
> ❶ **堺** 遣明船の発着港となり、大陸との貿易港として発展。36人の**会合衆**が町政を運営した。
>
> ❷ **博多** 大内氏による遣明船派遣の拠点（→ p.95）。博多商人たちも朝鮮・明・琉球・東南アジアとの貿易に従事した。12人の**年行司**が町政を運営した。
>
> ❸ **京都** **町衆**（富裕な商工業者）を中心とした自治的団体である**町**が成立した。それぞれの町は**町法**を定めて生活や営業活動を守

り，さらに町政全体は，町衆から選ばれた月行事によって自治的に運営された。

発展 一乗谷・十三湊・草戸千軒

❶ **一乗谷** 現在の福井市東南部の山中に位置する一乗谷は，戦国大名朝倉氏の本拠地で，城下町の様子を現在に伝える遺跡として知られている。同地は朝倉氏が足利義昭（室町幕府15代将軍）に協力したため，1573年に織田信長の攻撃にあって壊滅し，その跡地は山あいの水田に戻り，のち，跡地における都市形成などもみられなかった。

このため，一乗谷は戦国時代の城下町の全貌が発掘調査によって判明する，全国でも稀有の遺跡になった。発掘調査の結果，一乗谷の狭い谷間に，朝倉氏の館をはじめ，家臣の武家屋敷群，寺院，職人や商人の町屋が谷を埋めつくすように広がっていたことがわかり，計画的な都市設計の様子が明らかになった。

❷ **十三湊** 中世における遺跡調査の分野では，城館や城下町の発掘が精力的に進められている。日本の北方の境界地域に位置しながら西の博多と並ぶ国際的な港湾都市として繁栄し，幻の中世都市と形容される十三湊も，その代表例の一つである。「十三」という地名自体，「湖のほとり」という意味のアイヌ語トー・サムに由来するものだと考えられている。

❸ **草戸千軒** 広島県福山市を流れる芦田川の中洲にあり，平安時代末期から江戸時代初期まで栄え，1673年の洪水によって水没したとされる中世都市。草戸千軒は，西の高台にある寺院の門前町という性格をもつと考えられ，さらに同地からは，銅銭や陶磁器，商品の荷札や金融関係の覚書とみられる木簡などが多数発掘され，瀬戸内海水運で栄えた港町・市場町でもあったことが裏づけられた。

発展 天文法華の乱

1536年の天文法華の乱は，京都町衆を中心とする日蓮宗の信者と，延暦寺を中心とする荘園領主勢力とが衝突し，日蓮宗側が敗北した戦いである。

この時期，京都の町衆社会では，6代将軍足利義教のころに戦闘的な布教活動を展開した日親の力もあって，「題目の巷」と呼ばれるほど日蓮宗が大きな影響力をもっていた。彼ら町衆は法華一揆を形成し，1532年には一向一揆と対決して京都の自衛・自治を進めていたが，この天文法華の乱での敗北によって，法華一揆には終止符が打たれ，また数年の間，京都では日蓮宗を禁教とする措置がとられた。

重要用語

□領国　□北条早雲　□上杉謙信　□武田信玄　□毛利元就　□検地帳
□検地　□貫高　□貫高制　□寄親・寄子制　□分国法　□喧嘩両成敗法
□城下町　□市座　□寺内町　□楽市　□堺　□博多　□会合衆　□年行司
□町衆　□町　□町法　□月行事　□日親　□法華一揆　□天文法華の乱

論述問題研究❽………守護・守護大名・戦国大名

次の(1)〜(6)の文を読んであとの設問に答えよ。解答は、設問ごとに改行し、設問の記号を付して記入せよ。

(1) 1346年、室町幕府は山賊や海賊、所領争いにおける実力行使などの暴力行為を守護に取り締まらせる一方、守護請や兵粮米と号して、守護が荘園や公領を侵略することを禁じた。
(2) 1400年、信濃の国人たちは、入国した守護に対して激しく抵抗してついに合戦となり、翌年、幕府は京都に逃げ帰っていた守護をやめさせた。
(3) 1414年、九州の一地方の武士たちが作成した契約状によれば、喧嘩を起こした場合、双方が処罰されることとなっている。
(4) 1526年に制定された「今川仮名目録」では、喧嘩の両当事者は、その主張が正当であるかどうかにかかわりなく、死罪と規定されている。
(5) 1563年、武田氏が作成した検地帳によれば、検地をして新たに把握された増加分は、その地の家臣に与えられている。
(6) 発掘調査の結果、朝倉氏の城下町一乗谷は計画的につくられており、館を中心に、武士の屋敷や庶民の家、寺などが周囲をとりまいていることがわかった。

A (1)の文を参考にして、室町時代の守護は、鎌倉時代の守護とどのような点が異なっているのか、60字以内で説明せよ。

B (2)〜(6)の文を参考にして、室町時代の守護が直面した地方の武士のあり方と、それに対応して戦国大名が支配権を確立するためにうちだした施策について、150字以内で説明せよ。

(東大、1996年度)

> **ヒント**
>
> 設問Aは、基本問題。文章(1)も活用して完璧な答案をまとめたい。
> 設問Bでは、「それに対応して」という問題の限定に注意すること。「室町時代の守護が直面した地方の武士のあり方」と「戦国大名が支配権を確立するためにうちだした施策」との対応関係をよく考えれば、何をプラスアルファしなければならないかが明確になってくる。

MEMO

第3章 近世

1 ── 織豊政権

1 西欧の衝撃

　ルネサンス・宗教改革を経て近代への道を歩みはじめたヨーロッパは，15世紀末以降，貿易の拡大，キリスト教の布教，領土の獲得をめざして積極的な海外進出に乗りだした（**大航海時代**）。こうしたなかで，インド航路を確保したポルトガルが，まずアジアに到達し，東方貿易の拠点を築くことになる。

　1549年，イエズス会の宣教師フランシスコ＝ザビエルが鹿児島にきてキリスト教を伝えた。

　キリスト教宣教師の布教活動は，**南蛮**貿易と表裏一体となって進められた。

要点

❶ **鉄砲の衝撃** 1543年，中国人倭寇の船に乗って**種子島**に漂着したポルトガル人によって伝えられた鉄砲は，戦国時代の日本に大きな影響を与えた。
　鉄砲は，伝えられるとすぐに，和泉の堺，紀伊の根来・雑賀，近江の国友などで大量生産がはじまった。鉄砲の急速な普及は，戦法（→足軽鉄砲隊が登場）や築城法（→強固な防御施設が必要）を変化させ，**戦国時代の終結を早める**ことになったと考えられている。
　1575年，織田信長が足軽鉄砲隊の一斉射撃で武田勝頼の率いる騎馬隊に圧勝した長篠合戦は，その実態についていくつかの議論があるものの，鉄砲の果たした役割を象徴的に物語るものだといってよいだろう。

種子島銃

❷ **南蛮貿易** 当時，日本ではポルトガル人やスペイン人のことを南蛮人と呼んでいた。
　南蛮人たちは，**明**が**海禁政策**（中国人の私的な海外渡航を禁じる政策，→ p.95）をとっていたため，東アジア地域の貿易でも活躍の場をみいだすことになった。
　特に，日本との交易では，中国のマカオに拠点を築いたポルトガル商人が明で生糸（白糸）を入手し，それを日本にもちこんで日本産の**銀**を獲得する中継貿易を軌道に乗せ，大きな利益をあげるようになっていった（**南蛮貿易**）。

❸ **フランシスコ＝ザビエル** フランシスコ＝ザビエルは，1549年，イエズス会宣教師として鹿児島に到着。日本における伝道活動のパイオニアとして，日明貿易を独占していた大内義隆（山口が城下町，→p.95）

らの大名の保護をうけ，布教に努めた。

❹ ヴァリニャーニ　ヴァリニャーニはイエズス会の巡察使（宣教師を指導する使者）として来日。コレジオ（宣教師の養成学校）・セミナリオ（初等教育機関にあたる神学校）などの教育機関を設立し，天正遣欧使節の派遣，活字印刷術の導入（→ p.121）などを実行した。

❺ 天正遣欧使節　ヴァリニャーニの勧めにより，キリシタン大名（大友義鎮・有馬晴信・大村純忠）が，伊東マンショ・千々和ミゲル・中浦ジュリアン・原マルチノの4少年（天正遣欧使節）をローマ教皇のもとへ派遣。1582年に出発し，1590年に帰国した。

2 信長の統一事業

16世紀後半，国内では天下統一に向けた動きが本格化していった。

ほぼ1世紀にわたる戦国の争乱を終わらせ，全国を統一したのは，京都に近い肥沃な濃尾平野を基盤に，いちはやく畿内に進出した織田信長と，その後継者となった豊臣秀吉だった。この新しい武家政権のことを，二人の名前をとって「織豊政権」と呼んでいる。

要点

❶ 支配の拡大　天下統一への道を歩みはじめた織田信長は，1568年，足利義昭を奉じて上洛し（義昭はここで15代将軍に就任），まもなく畿内を制圧した。

1573年には，15代将軍の義昭を京都から追放して室町幕府を滅ぼし，武田氏との長篠合戦（1575年）に勝利した翌年には，天下統一事業をみすえて，近江に安土城の築城を開始。城下には，自由な商業活動を保障する楽市令が発令された。

1582年，東の武田氏を滅ぼし（天目山の戦い），西の毛利氏への攻勢を強めたが，同年6月，家臣の明智光秀に攻められて敗死した（本能寺の変）。

❷ 宗教勢力との対決　信長にとって統一事業の最大の障害となったのは，延暦寺焼打ち（1571年），伊勢長島の一向一揆平定（1574年），前後11年におよぶ石山本願寺との戦い（石山戦争，1570～80年）といった例からもわかるように，中世的な宗教勢力だった。信長がキリスト教に寛容だったのは，鉄砲などの外来の技術を手にいれると同時に，こうした旧来の宗教勢力との対決を迫られたという事情もあったと考えられている。

鉄砲隊の活躍（『長篠合戦図屏風』，部分）

1．織豊政権　115

3 秀吉の統一事業

　1582年，本能寺の変で織田信長が暗殺されると，**豊臣(羽柴)秀吉**は短期間のうちに信長の後継者としての地位を固め，翌83年には，石山本願寺跡に壮麗な**大坂城**の築城を開始した。

　豊臣秀吉の統一事業は，強大な軍事力を背景に，朝廷の権威を最大限に利用し，惣無事を強制する，という特徴をもっていた。また，豊臣政権は，莫大な**蔵入地**(直轄領，約200万石)，主要鉱山(天正大判鋳造)・重要都市の直轄などを経済基盤とした。

> **要点**
>
> ❶ **朝廷権威の利用** 1585年，秀吉は**関白**に就任し，翌年には太政大臣になって**豊臣**姓を賜った。さらに1588年，**聚楽第**に後陽成天皇を迎え，諸大名に天皇と秀吉への忠誠を誓わせた。

> **発展 惣無事の強制**
>
> 　豊臣秀吉は，惣無事という方針をうちだした。惣無事の「惣」は「総」と同意の漢字で「すべて」ということであり，「無事」は「和平・和睦」を意味している。つまり惣無事とは，完全な和睦・あらゆる私戦(私的武力行使)の禁止を提唱するもので，この方針にもとづいて秀吉は，紛争の解決をすべて公権力に委ねることを強制していった。
>
> 　秀吉はまず，朝廷の権威(1585年の関白就任など)と巨大な軍事力を背景に，戦国諸大名に対して惣無事を強要した(惣無事令)。そして，この命令に従わなかった島津義久・北条氏政を征討し，他の諸大名を服属させて全国統一を完成させた。
>
> 　これによって領土紛争を武力によって解決する戦国時代が終結し，以後，近世を通じて，諸大名が将軍(当初は秀吉)の命令をうけずに自己の軍隊を領外で動かすことは禁じられることになった。さらにこの政策は，村落同士の喧嘩禁止や海賊行為の禁止，百姓・町人に対する刀狩などにより，庶民レヴェルにも適用され，江戸幕府の民衆支配の基本理念になっていったと考えられている。
>
> 　このようにして，近世の成立とともに，自力救済(自力解決)の世界は少なくとも表面的には消滅し，紛争の解決を公権力の裁定に委ねる原則が確立していった。

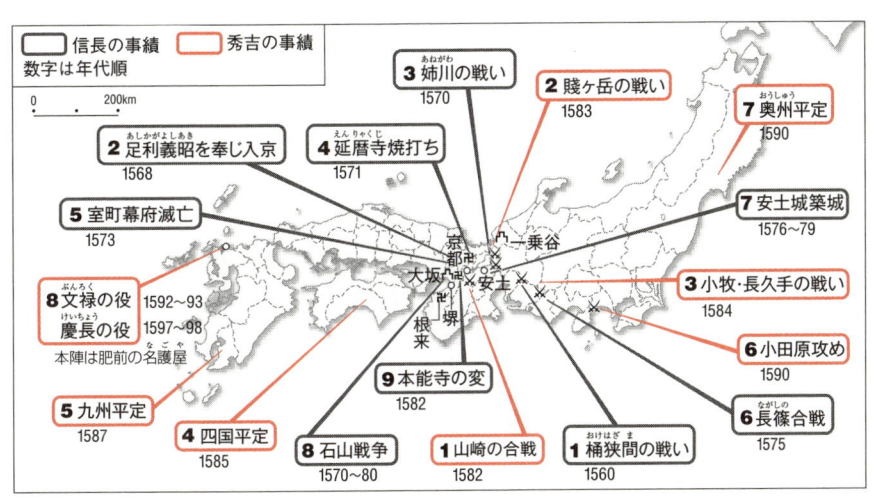

信長・秀吉の事績

4 太閤検地と石高制

　石高制とは、太閤検地を通じて確立した、近世社会の体制的な原理をいう。豊臣秀吉は、検地役人の現地入り・統一基準の設定（町段畝歩制・京枡の採用）などにより、石盛（段あたり公定収穫量）に面積を乗じた石高で土地の生産力を表示していく徹底的な検地（太閤検地）をおこない、全国の土地の生産力を米の量に換算して把握するシステムをつくりだした。

　豊臣秀吉は天下統一を終えた1591年、全国の諸大名に対し、その領国の検地帳と国絵図の提出を命じた。

　また同時期に発せられた人掃令（身分統制令）で、武家奉公人（傭兵）が町人・百姓になること、百姓が商人・職人になること、武家奉公人が勝手に主人を代えることが禁じられ、諸身分の確定と朝鮮出兵の人員確保が図られた。

要点

❶ **長さ**　1間＝6尺3寸（≒191cm）。
❷ **面積**　1間四方＝1歩。1町＝10段＝100畝＝3000歩。
❸ **容積**　1石＝10斗＝100升＝1000合（京枡に統一、1升≒1.8リットル）。
❹ **石盛の設定**　石盛とは、1段あたりの公定収穫量のこと。たとえば、田地については上田＝1石5斗などと定められた。そのうえで、村ごとに田畑・屋敷地を調査し、面積・等級（上田・中田・下田・下々田な

1. 織豊政権

❺ **検地帳** 村ごとに作成。田畑・屋敷地の面積・等級・石高・耕作者などを記載した。秀吉が朝鮮への出兵を開始する前年にあたる1591年、朝廷に献納すると称して作成させた全国の検地帳のことを御前帳という。

❻ **石高** 石高＝石盛×面積→土地の生産力を米の量で表示。年貢は、石高×年貢率（豊臣政権下の年貢率は石高の3分の2を納入する二公一民）で表示することができる。

❼ **一地一作人の原則** 一地一作人の原則とは、一つの土地の耕作権を一人の農民だけに認めることをいう。これにより、中世以来の土地に対する重層的な権利関係（荘園制）が明確に否定され、また刀狩（農民のもつ武器を没収、1588年に**刀狩令**発布）や人掃令などの諸政策ともあいまって兵農分離が確定した。

❽ **農民** 年貢納入の義務を負い、検地帳に記された土地での耕作を強制される存在になると同時に、農民の耕作権（事実上の所有権）が法的に認められたため、安定的な耕作が可能になった。

❾ **石高制** 全国規模で決定された石高は、年貢量の統一的基準、家臣への土地給与と軍役負担の統一的基準として機能した。こうして石高制は、秀吉（のち徳川将軍）を頂点とする、大名・家臣・農民間の関係を整然と一元的に秩序づけ、幕藩体制を支える基礎となった。

発展 武家奉公人

戦国期に諸大名が組織した軍隊は、(a)大名と主従関係を形成した武士（武装して馬上し、戦闘に従事することが多い）、(b)そうした武士にしたがって戦闘を補佐する武家奉公人（「被官」「若党」「中間」「小者」「あらしこ（嵐子）」などと呼ばれた）、(c)戦闘に必要な食糧などの運搬にあたる陣夫（百姓の負担とされた）、という構成を基本にしていた。

ここで(b)に分類した戦国期の武家奉公人、とりわけ下層の奉公人は、慢性的につづく飢饉などのなかで、食うために戦争に従事するしかなかった人々（雑兵）のことをさし、人や物の略奪を日常とした傭兵だったと想定されている。惣無事令のもとで内戦が終息すれば、流動的な存在である武家奉公人（雑兵・傭兵）は戦場という居場所を失ってしまうことになる。そうなれば、彼らの都市への流入が大規模に進行して急速に都市の治安が悪化することになるだろう。秀吉が発した人掃令（身分統制令）には、そうした奉公人たちのもつエネルギーを制御しようとする意図もあったと考えられている。

5 秀吉の対外政策と朝鮮侵略

16世紀後半、東アジアでは明の衰退が明らかになっていた。全国を統一した豊臣秀吉は、こうした国際情勢のなかで、日本を中心とする東アジア地域の国際秩序を新しくつくりあげようとした。

豊臣秀吉は、明の征服を意図して、2度にわたり朝鮮に出兵した（**朝鮮侵**

略，**文禄の役・慶長の役**，朝鮮側では壬辰・丁酉の倭乱と呼ぶ）。

　文禄の役（1592～93年）では，**李舜臣**の率いる朝鮮水軍の活躍や朝鮮義兵の抵抗，明の参戦などにより，日本軍は補給路を断たれた状態におちいった。また慶長の役（1597～98年）では，日本軍は当初から苦戦を余儀なくされ，秀吉の病死を機に撤兵した。

　以後，豊臣政権は急速に衰亡していくことになる。

要点

❶ 海上の平和の実現　1588年に**海賊取締令**をだし，倭寇などの海賊行為を禁じた。
❷ 新しい国際秩序の模索　ゴアのポルトガル政庁，マニラのスペイン政庁，高山国（台湾）などに服属を要求した。
❸ キリスト教と南蛮貿易　1587年に**バテレン**（宣教師）**追放令**をだしたが，一方で南蛮貿易を奨励したため，**禁教方針は徹底しなかった**。
❹ サン＝フェリペ号事件　1596年に発生した秀吉のスペイン船に対する積荷没収事件。積荷没収に怒った乗組員が，スペイン国王はキリスト教布教の次に征服事業をおこなうという趣旨の発言をしたため，大問題に発展。事件直後，秀吉は禁教方針を強化し，これが同年12月の26聖人殉教（宣教師・信者26名が長崎で処刑された日本初の殉教事件）につながった。こうした事態の背景には，貿易と布教をめぐるポルトガルとスペインの確執があったと考えられている。

重要用語

□大航海時代　□種子島　□明　□海禁政策　□銀　□南蛮貿易
□フランシスコ＝ザビエル　□キリシタン大名　□天正遣欧使節　□織田信長
□足利義昭　□長篠合戦　□安土城　□楽市令　□本能寺の変
□豊臣（羽柴）秀吉　□大坂城　□蔵入地　□関白　□豊臣　□聚楽第　□京枡
□石高　□検地　□太閤検地　□検地帳　□国絵図　□人掃令　□一地一作人
□刀狩　□刀狩令　□朝鮮侵略　□文禄の役　□慶長の役　□李舜臣
□海賊取締令　□バテレン追放令

MEMO

2 桃山文化（16世紀後半〜17世紀初頭）

1 桃山文化の特徴

織豊政権（**安土・桃山時代**）から江戸時代初頭にかけての文化を，豊臣秀吉晩年の居城である伏見城の地名にちなんで**桃山文化**という。

この桃山文化の特徴として，(a)新興の大名と大きな経済力をもつ豪商たちの生活を反映して豪華で自由な傾向が強いこと，(b)仏教色が後退する一方で現実的な生活文化の色彩が強まったこと，(c)南蛮文化の影響が浸透したこと，などの点を指摘することができる。

2 城の文化

城はもともと軍事的な建造物だったが，桃山文化の時代につくられた安土城や大坂城・伏見城などの**城郭建築**（居館には**書院造**の手法が用いられた）は，平和と繁栄の象徴として**権力を誇示する役割**を果たすことになった。

姫路城

要点

❶ **濃絵** 大画面の障壁画に多用された，金箔に極彩色を用いる手法のことを**濃絵**という。濃絵の手法で描かれ，城の内部を飾った障壁画は，下剋上に勝利した大名の権威を視覚的に高める効果を発揮した。代表的な画家に，**狩野永徳・狩野山楽**（狩野派，→p.106），**長谷川等伯・海北友松**らがいる。

❷ **欄間彫刻** 欄間とは，天井と障子などとのあいだに設けられた開口部のこと。ここには，豪華な透し彫の彫刻（**欄間彫刻**）が施された。

『唐獅子図屏風』（部分，狩野永徳筆）

❸ **水墨画** 桃山文化は豪快さだけを誇示していたのではなく，反面で，静寂枯淡の美

を求める精神も健在だった。きらびやかな装飾画の一方で単色の水墨画も好まれた。

長谷川等伯・海北友松らは、双方に優れた作品を残した。

3 町衆の生活と南蛮文化

　平和の到来は、都市の富裕な**町衆**を文化の担い手へと成長させ、また民衆のもつエネルギーを解放する効果を発揮した。また、朝鮮出兵や南蛮貿易の影響は、文化面にもおよんだ。

要点

❶ 茶道　堺の町人**千利休**が侘茶を大成した（→p.106）。茶の湯にみられる極小の茶室や簡素な茶器は、閑寂さを深く追求した利休独特の美意識の結晶であると同時に、桃山文化の一面を象徴的に示している。

妙喜庵茶室（待庵）

❷ かぶき踊り　かぶき踊りとは、異様な姿をした者（「かぶき者」、→p.143）の踊りのこと。17世紀初めに出雲阿国が京都でかぶき踊りをはじめて人気を集めた（**阿国歌舞伎**）。

❸ 人形浄瑠璃　三味線を伴奏楽器とする語り物（浄瑠璃）に操り人形が結合した**人形浄瑠璃**が成立し、流行した（→p.160）。

❹ 生活　女性の衣服は**小袖**（袖口が小さい和服）の着流し（袴などを身につけない）スタイルが一般的になり、また、食事は朝夕2食から3食へと変化した。

❺ 活字印刷術　朝鮮侵略の際に朝鮮から**活字印刷術**が伝えられた。また、ヴァリニャーニが金属製の活字による活字印刷機を伝え、ローマ字による書籍も刊行された（**キリシタン版・天草版**、→p.115）。ただし、いずれも江戸時代には廃れていく。

天草版『平家物語』

❻ 南蛮文化　宣教師たちによって天文学・医学・地理学など実用的な学問が伝えられ、日本人の手によって西洋画の影響を受けた**南蛮屏風**も描かれた。

重要用語

☐安土・桃山時代 ☐桃山文化 ☐城郭建築 ☐書院造 ☐障壁画 ☐濃絵
☐狩野永徳 ☐狩野山楽 ☐長谷川等伯 ☐欄間彫刻 ☐町衆 ☐千利休
☐阿国歌舞伎 ☐人形浄瑠璃 ☐小袖 ☐活字印刷術
☐キリシタン版・天草版 ☐南蛮屏風

MEMO

3 幕藩体制

1 権力の確立

　三河出身の徳川家康は，1590年，関東に移され，約250万石の領地をもつ大名として豊臣政権を支えていた。秀吉の死後，家康の存在感は強まり，1600年，関ヶ原において東軍を率いて石田三成を中心とする西軍に勝利をおさめた（関ヶ原の戦い）。

　1603年，朝廷から征夷大将軍に任じられた家康は，翌々年にはその地位を子の徳川秀忠に譲り，将軍職が徳川氏の世襲であることを示した。さらに，大御所（前将軍）として大坂の役（1614～15年，大坂冬の陣・夏の陣）で，秀吉の子豊臣秀頼を擁する豊臣氏を滅ぼすことに成功した。

　成立した江戸幕府は，圧倒的な軍事力と経済力を背景に，江戸を拠点にして将軍を頂点とする強固な支配体制を確立した。これを幕藩体制といい，3代将軍徳川家光にいたる約50年のあいだに，その基礎が固められていった。

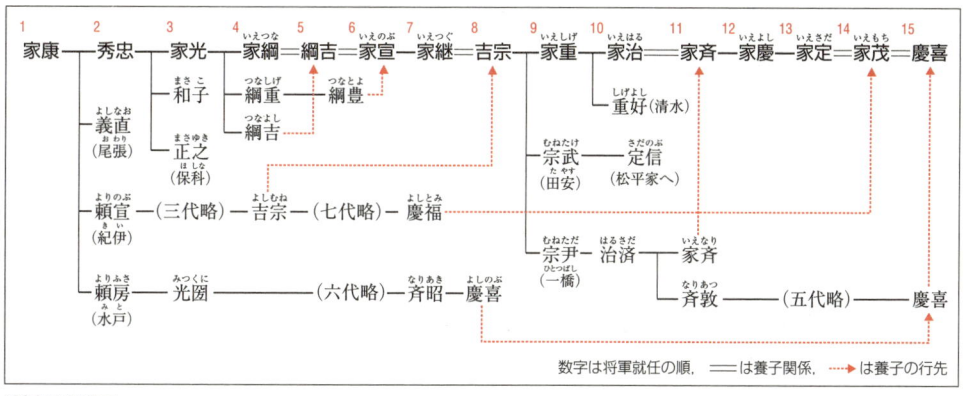

徳川氏略系図

2 江戸幕府の職制

　江戸幕府の職制については，以下の点に注意しておきたい。

> 要点
>
> ❶ **大老** 非常置の職。
> ❷ **重職** 大老・**老中**(政務を統轄，当初は年寄と呼ばれた)など将軍直属の重職には**譜代大名**(三河以来の徳川氏の家臣で大名になった者)が任じられた。
> ❸ **老中と若年寄** 老中→大目付(大名監察)，若年寄→目付(旗本・御家人監察)，という関係になっている。
> ❹ **三奉行** 寺社奉行(寺社統制を担当)・町奉行(江戸支配を担当)・勘定奉行(幕府の財政運営や幕領などの訴訟を担当)を**三奉行**と総称する。
> ❺ **権力集中の排除** 幕府の要職は月番交代(1カ月交代)で，重要事項は合議制をとった。たとえば，江戸幕府の最高司法機関である**評定所**は，老中と三奉行などで構成された。
> ❻ **地方組織** 重要都市である京都・大坂・駿府には**城代**と**町奉行**がおかれ，また幕府直轄領(幕領)のうち，関東・飛騨・美濃などに**郡代**，その他の諸地域には**代官**が派遣され，いずれも勘定奉行が統轄した。

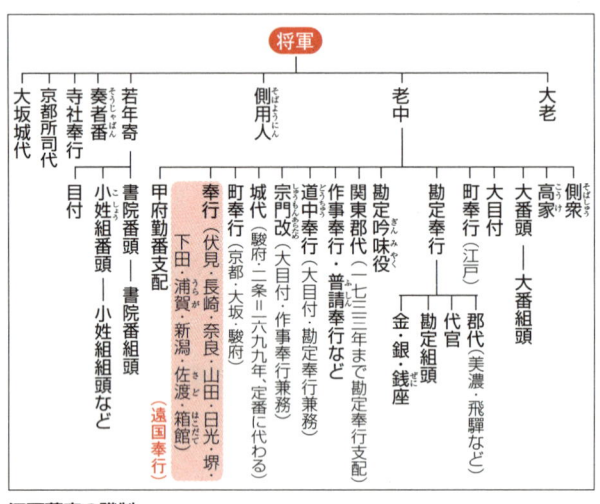

江戸幕府の職制

3 江戸幕府の経済基盤と軍事力

　幕府は，400万石(17世紀末)にもおよぶ直轄領(幕領)からあがる年貢のほか，佐渡・伊豆(金山)，但馬生野・石見大森(銀山)など主要鉱山からの収入を主要な経済基盤とした。

　また，江戸・京都・大坂(三都)，さらに長崎・堺などの重要都市を直轄にして商工業や貿易を統制し，貨幣鋳造権も掌握した。

　幕府の軍事力は，将軍直属の家臣団である**旗本・御家人**のほかに，諸大名

の負担する軍役で構成され，圧倒的な力を保持していた。旗本・御家人とは，将軍直属の家臣（直参）で知行高（石高）1万石未満の者をいい，将軍に謁見（お目見え）を許される者が旗本，許されない者が御家人とされた。

4 大名の区分

将軍と主従関係を結んだ知行高（石高）1万石以上の武士を大名といい，大名の領地とその支配機構の総称を藩という。

大名は将軍との親疎の関係で親藩・譜代・外様に分けられ，幕府は，親藩・譜代大名を要所に，有力な外様大名をなるべく遠隔地に配置する方針をとった。この方針からもうかがえるように，もともと戦国大名の一員にすぎなかった徳川氏にとって，全大名の頂点に君臨する体制をつくるのは容易なことではなかった。幕府は，大名の配置に細心の注意をはらい，一国一城令や武家諸法度を定めて法令違反を厳罰に処し，将軍の権威を象徴する参勤交代を制度化していった。

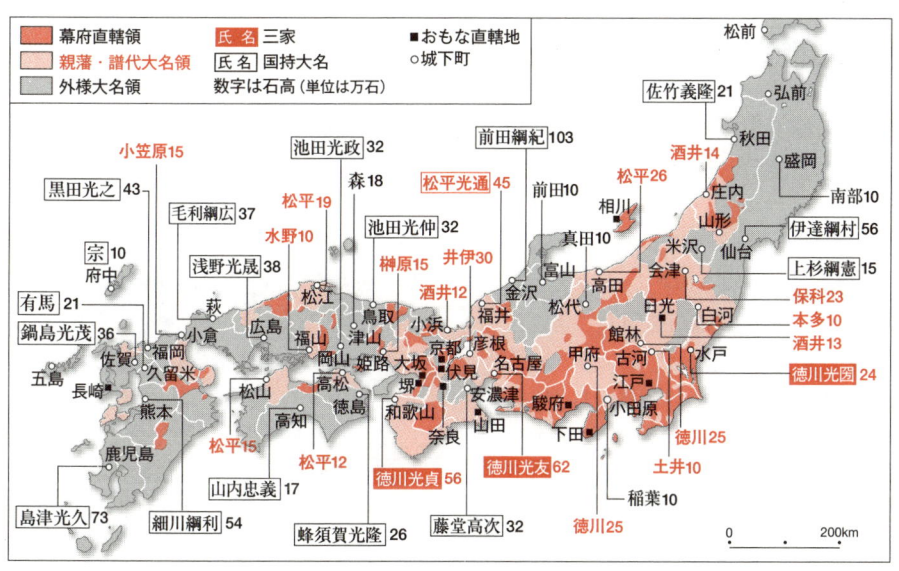

大名の配置（1664年頃）

> **要点**
>
> ❶ 親藩　三家（尾張・紀伊・水戸の３藩）など徳川氏一門の大名。
> ❷ 譜代　はじめ（戦国・織豊期）から徳川氏の家臣だった大名。
> ❸ 外様　関ヶ原の戦いののちに徳川氏に従った大名。

5 武家諸法度

　大名統制の基本法を**武家諸法度**という。**将軍の代がわりごとに発する**のを原則とした。この法度に違反した大名は，改易（領地没収）・減封（領地削減）・転封（国替）などの処罰をうけた。

> **要点**
>
> ❶ 元和令（1615年）　家康の命で金地院の崇伝が起草し，２代将軍徳川秀忠の名で発布された最初の武家諸法度。
> ❷ 寛永令（1635年）　３代将軍徳川家光が発布。参勤交代の制，500石積以上の大船建造の禁などの条文が追加された。

6 参勤交代

　参勤交代は，1635年の武家諸法度（**寛永令**）で制度化された。

> **要点**
>
> ❶ 基本的内容　(a)在府・在国１年交代で参勤すること。(b)大名の妻子を江戸に常住させること。
> ❷ 制度化の意図　参勤とは主君のもとに出仕する（公式に出向く）ことをいい，武士社会に古くからみられる風習で，織豊政権下においても，安土城や大坂城への参勤がしばしば強制された。その制度化は，平和な時代にふさわしいかたちで，**諸大名の軍事力を総動員する**ことをめざすものだった。武家諸法度（寛永令）に，制度化にあたって「従者の員数近来甚だ多し」「向後（以後）……之を減少すべし」，と記されていることに注意しておきたい。
> ❸ 制度化の結果　江戸や街道沿いの宿駅の繁栄をもたらす一方で，大名にとっては極めて大きな経済的負担になった。

7 地方知行制から俸禄制度へ

　大名は，初期には領内の有力武士に領地を与える**地方知行制**をとる場合もあったが，次第に知行地を与えた武士も城下町に集住させて藩政を分担させ，領内一円支配を進めた。

　17世紀半ばになると，多くの藩は，地方知行制から**俸禄制度**（藩の直轄領からの年貢を蔵米として家臣に支給する制度）に移行していった。

要点

❶ **知行**　中世から近世において，土地を支配し，そこから収益をあげることをさす用語。中世社会においては，現実に知行していることを当知行，知行を失った状態を不知行とよんだ。鎌倉時代末以降，荘園制の崩壊にともなって，土地そのものの知行という傾向が強まり，戦国大名などは家臣に土地自体を知行として与えるようになった（知行地）。

❷ **知行地**　江戸時代，幕府が大名に与えた土地を領知などと呼称したのに対して，主に大名などが地方知行制のもとで家臣に与えた土地のことを知行地（知行所）と呼んだ。

8 朝廷に対する統制

　江戸幕府は，朝廷のもつ伝統的な権威を認める一方で，天皇や公家の行動に明確な統制を加えていく。それは，最高の権力者であろうとする幕府の決意をよく示すものだった。

要点

❶ **京都所司代**　京都所司代は，朝廷の統制と西国大名の監視を任務とした。

❷ **武家伝奏**　武家伝奏は，公家から選出され，朝廷と幕府とをつなぐ窓口として朝廷に幕府側の指示を伝えた。

❸ **禁中並公家諸法度（1615年）**　禁中並公家諸法度は，朝廷統制の基準を明示した法令。天皇・朝廷が権力をもつことや，諸大名が朝廷と直接的に結びつくことを防止しようとした。

❹ **紫衣事件（1627〜29年）**　紫衣事件とは，後水尾天皇が幕府に無断で紫衣（紫色の法衣）の着用を僧侶に許したことに対して，幕府が，その勅許（天皇の許可）の無効を宣言し，抗議した僧侶を処罰した事件をいう。事件後，後水尾天皇は幕府の同意を求めず

に譲位した。
　紫衣の勅許は，僧侶の最高の名誉であると同時に，朝廷にとっては重要な収入源にもなっていたが，一方で，禁中並公家諸法度は，これに規制を加えていた。紫衣事件の際，幕府は，無断で与えられた紫衣を剝奪することで，勅許よりも法度（幕府の法）が上位に位置することをはっきりと朝廷に示した。

❺ 朝廷の役割　伝統的な権威をもつ朝廷は，幕藩体制下における身分秩序維持に有用で，将軍宣下などを通じて幕府支配の正統性を高める効果を発揮した。

9 寺請制度

　寺院について，江戸幕府は，**寺院法度**と**本末制度**（宗派ごとに本山・本寺の地位を保障して末寺を組織させた制度）による統制を図ると同時に，**寺請制度**を整えていった。

　寺請制度とは，民衆を檀家として**宗門改帳**（宗旨人別帳・宗門人別改帳などともいう）に記載し，キリシタン・日蓮宗不受不施派（世俗の権力から距離をとった日蓮宗の一派）ではないことを証明する（**宗門改め**）制度をいう。島原の乱（1637〜38年）後，幕府は，絵踏を強化するとともに，寺請措置を民衆に強要することで禁教政策の徹底を図った。

　この制度の徹底によって，寺請証文（宗旨手形，婚姻・移住・旅行や奉公人雇い入れなどの際の身分証明書）発行などの原簿となった宗門改帳は，**戸籍の役割をも果たす**ことになり，同時に寺院は，個人の信仰の場ではなく，おもに葬儀・法要を営む場として幕府による民衆支配の末端機関と化すことになった。

踏絵とその様子　キリシタンを摘発するために実施された，キリスト像やマリア像を踏ませる行為のことを絵踏といい，その際に用いられた画像類のことを踏絵という。

> **要点**
>
> ❶ 寺院法度　当初，寺院法度は各寺院・宗派ごとに出されたが，1665年，すべての寺院・僧侶を対象にした統制策として**諸宗寺院法度**が制定された。同年には，神社・神職に対しても**諸社禰宜神主法度**が定められている。
>
> ❷ 寺檀制度　寺請制度をつうじて形成された，だれもが檀那寺の檀家になる制度のことを**寺檀制度**という。

10　身分秩序と農民

　幕藩制社会の根幹を支えたのは，**苗字**・**帯刀**を許された武士（支配身分）と**百姓**・**職人**・**家持町人**など（被支配身分）で構成される，世襲的で厳しい身分秩序だった。武士の家などでは**戸主**権が強く，長子相続が原則とされた。

　また，人口のおよそ80％を占める農民は，財政基盤である年貢の負担者としてもっとも重要視され，私生活にまでおよぶ綿密な政策が実行されていった。

　幕府や諸藩による農民統制策の基調は，**本百姓**（検地帳に記載され田畑・屋敷をもつ農民のこと）を維持して小農経営を安定させ，確実に年貢・諸役を徴収する，というものだった。

　農村支配にあたっても文書行政を徹底した幕府や諸藩は，自治的な共同体であり，かつ検地を通じて石高によって統一的に把握された村を行政単位として，年貢や諸役の徴収にあたった（**村請制**）。

　したがって，幕藩権力側の発令する法度（基本法令）・触書（命令禁止の旨を簡明に記した法令）などを理解するためにも（文書行政），また，村請制のもとで，年貢計算など村に委任された業務を遂行していくためにも，村内には識字・計算能力に秀でた人物（村役人層などの豪農）が必要不可欠だった。

> **要点**
>
> ❶ 村の様子　江戸時代になると，**村切**（検地を通じて村の境界を画定すること）や**新田開発**を背景に村の数は増大し，17世紀末段階の全国の村の総数は6万3000余りに達した。
> 　それぞれの村は，**名主**（庄屋・肝煎）や**組頭**・**百姓代**からなる村役人（**村方三役**）を中心とする本百姓によって**村法**（村掟）にもと

づいて運営され，村内には，本百姓以外に，小作や日用(日雇)仕事に従事する**水呑**(無高)や，有力な本百姓に隷属する名子・被官・譜代と呼ばれる人々が存在した。また，田植え・稲刈り・屋根葺きなど農業や日常生活で多くの人手が必要とされる際には，村人たちは共同でこれにあたり（結・もやい），統治・支配面では，村請制のもとで**五人組**と呼ばれる年貢納入・治安維持の連帯責任単位に編成された。

❷ 年貢と諸役　農民が負担する税には，(a)石高を基準に徴収される年貢（**本途物成**）に加え，(b)山野河海などを対象にして課された**小物成**，(c)土木工事などの際に一国単位で臨時に課された**国役**，(d)街道近辺の村々が公用交通のために人馬を提供する伝馬役，などがあった。

❸ 田畑永代売買の禁止令(1643年)　**田畑永代売買の禁止令**は，農民の階層分化を防ぐための法令。ただし，実際には質入れのかたちで田畑の実質的売買が進行していった。

❹ 分地制限令(1673年)　分地とは田畑の分割相続をさし，これを制限する**分地制限令**で農民の零細化を防ごうとした。

❺ 田畑勝手作りの禁　たばこ・木綿・菜種などの作付けを制限する措置もとられたが，実際には商品作物を栽培する動きを押しとどめることはできなかった。近年，「田畑勝手作りの禁」があったかどうか見直されている。

❻ 「百姓」と「農民」　近世身分制社会において，(狭義には)検地帳に田畑・家屋敷を登録されて年貢・諸役を負担する者を百姓（本百姓）といい，林業・漁業などに携わって小経営を営む者も含まれた。一方，身分や出自，あるいは支配体制・時代・経営規模・性別・地域などにかかわらず，農業に従事する者を農民と総称する。

11 町と町人

近世になると，城下町など多数の都市がつくられた。

要点

❶ 城下町　**城下町**は，それまで在地領主として農村部に居住していた武士が兵農分離政策で移住を強制され，商人や手工業者(諸職人)も営業の自由や屋敷地にかけられる年貢である地子の免除の特権を得て定着して形成された。そこでは，将軍や大名の城郭を核とし，**武家地・寺社地・町人地**など身分ごとに居住する地域がはっきりと区分された。

❷ 町人地　町方とも呼ばれる。全国と領地を結ぶ経済活動の中枢として重要な役割を果たした。

町人地を構成するいくつもの**町**は，**町人**(町屋敷をもつ家持の住民)の代表である**名主**・町年寄・月行事などを中心に**町法**(町掟)にもとづいて運営された。町人は年貢負担を免れたが，上下水道の整備，防火・防災など都市機能を維持する役割を，町人足役(夫役の一種)や貨幣によって負担した。

町には，家持以外に，**地借**(宅地を借りて家屋を自分で建てた住民)，**借家・店借**(家屋を借りている住民)，さらに商家の奉公人など多様な階層が居住した。地借や借家・店借は，地代や店賃を支払うほかに負担はないが，町の運営には参加できなかった。

12 近世初期の諸産業

　林業・漁業・手工業・鉱山業・商業の分野についても，近世初期におけるいくつかの特徴的な様子を整理しておこう。

要点

❶ **木曽檜・秋田杉**　尾張藩や秋田藩では，藩直轄の山林で材木が伐採されて商品化し，**木曽檜**・**秋田杉**として有名になった。

❷ **網漁**　漁業の分野では，**網漁**を中心とする漁法の改良や沿岸部における漁場の開発などが進んだ。

❸ **和紙の生産**　江戸時代には，**流漉**と呼ばれる製紙法を用いた和紙（楮がおもな原料）の生産も盛んになった。和紙は安価になって広く普及し，出版事業を活性化させるなど学問・文化の発達を支えた。

❹ **鉄の生産**　**たたら製鉄**（砂鉄を原料にして木炭の燃焼と送風により鉄をとりだす製鉄法）によって，**玉鋼**（日本刀用の鋼）などが生産された。

❺ **初期豪商**　近世の初期には，朱印船貿易（→p.134）などに従事し，また地域間の価格差を利用して巨利を得た**豪商**（初期豪商）が登場する。しかし，「鎖国」政策と国内交通網の整備が進展すると，彼らは急速に衰えた。

❻ **商品流通における分業の進展**　体制が安定すると，都市部を拠点に商品の仕入れや卸売りを独占する**問屋**の力が支配的になった。問屋は生産地の**仲買**から受託した商品を消費地の仲買に卸売りし（問屋と仲買による売買の場を卸売市場という），それらの商品は**小売商人**の手で売りさばかれた。
　問屋・仲買は，仲間などと呼ばれる業種別同業者団体の形成，**仲間掟**の制定などを通じて営業権の独占を図り，一方，都市部の小売商人は，**振売**（商品を持ち歩いて販売する行商人）など常設の店舗を構えられないことも多く，零細な小経営で問屋・仲買の仲間に従属する傾向が強かった。

13 寛永期の文化（17世紀前半）

　幕藩体制の確立期にあたる寛永期の文化は，基本的に桃山文化の継承という特徴をもつものだった。

要点

❶ **学問**　学問の分野では，上下の秩序を重んじる**朱子学**（→p.107）が政治や生活上の倫理になっていった。**藤原惺窩**（京都相国寺の禅僧）の門人**林羅山**（道春）は家康に用いられ，その子孫（**林家**）は代々儒者として幕府に仕えた（→p.158）。

❷ **建築**　きわめて華麗な装飾彫刻をほどこした**霊廟建築**である日光東照宮（**権現造**）と，

回遊式の庭園内に草庵風の茶室などを配した**桂離宮**(**数寄屋造**)には，寛永期の文化の２側面がよく反映されている。

桂離宮

❸ 代表的文化人　この時期の代表的文化人には，(a)狩野派(→ p.120)から出て幕府の御用絵師として活躍した**狩野探幽**，(b)『風

『神雷神図屏風』などを描いた俵屋宗達，(c)工芸・書道などの分野で多芸ぶりを発揮した才人**本阿弥光悦**，(d)**赤絵**と呼ばれる陶器・**磁器**(陶磁器)の着彩技法(上絵付法)を完成させた有田の陶工**酒井田柿右衛門**らがいる。

色絵花鳥文深鉢(酒井田柿右衛門様式)

重要用語

☐徳川家康　☐石田三成　☐関ヶ原の戦い　☐徳川秀忠　☐大御所
☐大坂の役　☐豊臣秀頼　☐江戸　☐幕藩体制　☐徳川家光　☐老中　☐年寄
☐三奉行　☐月番交代　☐評定所　☐城代　☐町奉行　☐郡代　☐代官
☐旗本　☐御家人　☐軍役　☐石高　☐藩　☐親藩　☐譜代　☐外様
☐一国一城令　☐三家　☐武家諸法度　☐参勤交代　☐寛永令　☐地方知行制
☐俸禄制度　☐京都所司代　☐武家伝奏　☐禁中並公家諸法度　☐紫衣事件
☐寺院法度　☐本末制度　☐寺請制度　☐宗門改め　☐島原の乱
☐諸宗寺院法度　☐諸社禰宜神主法度　☐寺檀制度　☐苗字　☐帯刀　☐百姓
☐職人　☐家持町人　☐戸主　☐本百姓　☐村請制　☐村切　☐新田開発
☐名主　☐組頭　☐百姓代　☐村方三役　☐村法　☐水呑　☐結　☐五人組
☐本途物成　☐小物成　☐国役　☐田畑永代売買の禁止令　☐分地制限令
☐城下町　☐武家地　☐寺社地　☐町人地　☐町　☐町人　☐町法　☐地借
☐借家・店借　☐木曽檜　☐秋田杉　☐網漁　☐流漉　☐たたら製鉄　☐豪商
☐問屋　☐仲買　☐小売商人　☐仲間掟　☐振売　☐朱子学　☐藤原惺窩
☐林羅山　☐林家　☐霊廟建築　☐権現造　☐桂離宮　☐数寄屋造
☐狩野探幽　☐本阿弥光悦　☐赤絵　☐磁器　☐酒井田柿右衛門

論述問題研究❾……… 地侍・城下町・近世の村

次のア～エの文章を読んで，あとの設問Ａ～Ｄに答えなさい。解答は，設問ごとに改行し，設問の記号を付して記入しなさい。

ア 室町時代，国人たちは在地に居館を設け，地侍たちと主従関係を結んでいた。従者となった地侍たちは惣村の指導者層でもあったが，平時から武装しており，主君である国人が戦争に参加するときには，これに従って出陣した。
イ 戦国大名は，自分に従う国人たちの所領の検地を行い，そこに住む人々を，年貢を負担する者と，軍役を負担する者とに区別していった。そして国人や軍役を負担する人々を城下町に集住させようとした。
ウ 近世大名は，家臣たちを城下町に強制的に集住させ，領国内外から商人・手工業者を呼び集めたので，城下町は，領国の政治・経済の中心地として発展していった。
エ 近世の村は，農民の生産と生活のための共同体であると同時に，支配の末端組織としての性格も与えられた。

設問

A 室町時代の地侍たちは，幕府・大名・荘園領主たちと対立することもあった。具体的にどのような行動であったか，90字以内で述べなさい。

B 戦国大名は，何を目的として城下町に家臣たちを集住させようとしたのか，120字以内で述べなさい。

C 近世大名は，城下町に呼び集めた商人・手工業者をどのように扱ったか。居住のしかたと与えた特権について，90字以内で述べなさい。

D 近世の村がもつ二つの側面とその相互の関係について，120字以内で説明しなさい。

(東大，2002年度)

ヒント

戦国大名による城下町集住策は，いくつもの目標が統合された政策だった。設問Bの答案をまとめる際には，多角的な視点の設定を忘れないようにしたい。

MEMO

4 海禁と禁教

1 家康の外交方針と西洋諸国との関係

徳川家康は，西洋・アジア各国との善隣外交策をとり，朱印船（家康の与えた海外渡航許可証である朱印状を携帯した商船）による日本人の海外渡航を積極的に奨励した。

同時に，貿易の管理・独占と禁教方針が明確になっていくことにも注意しておきたい。

また同時期には，朱印船貿易の発展（朱印船の主要な交易相手は日本銀を求める中国商人）を背景に，カンボジアのプノンペン，タイのアユタヤ，ルソン島のマニラなどに日本人が進出し，東南アジア各地に日本人の居留地が形成された（日本町）。こうした日本町の多くでは自治制がしかれ，治外法権も認められたが，いわゆる「鎖国」政策が推進されたことによって日本人の渡航が途絶し，日本町は自然に消滅していった。

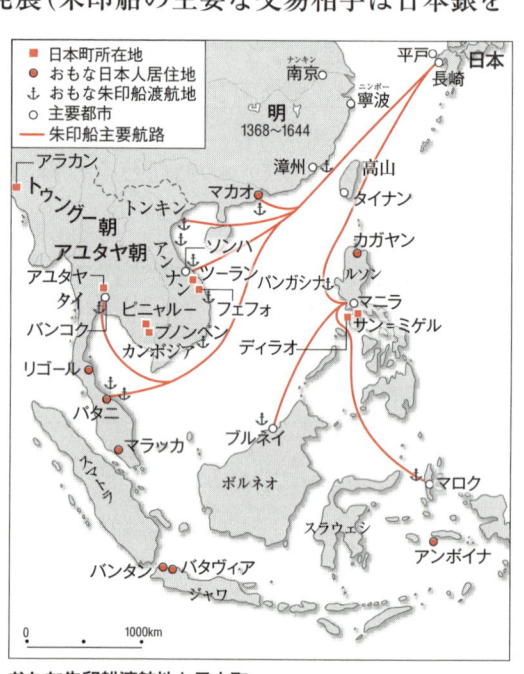

おもな朱印船渡航地と日本町

要点

❶ ポルトガル
1604　徳川家康，白糸（中国産輸入生糸）を日本にもちこんで巨利を得ていたポルトガル商人（→p.114）に対抗して，糸割符制度を創設。

❷ スペイン
1610　徳川家康，京都の商人田中勝介をスペイン領メキシコ（ノヴィスパン）に派遣するが，通商関係の樹立には失敗する。

1613 伊達政宗，支倉常長をスペインに派遣（慶長遣欧使節）。しかし，通商関係は築けなかった。

❸ オランダ
1600 オランダ船リーフデ号，漂着。ヤン＝ヨーステン，徳川家康に登用される。
1609 平戸に商館を建設（～1641，以後，長崎出島へ）。オランダは，イギリスとの競争に勝ち，対日貿易を独占していった。

❹ イギリス
1600 リーフデ号のウィリアム＝アダムズ，徳川家康に登用される。
1623 オランダとの競争に敗れ，自主的に日本を退去。

2 糸割符制度

　1604年，徳川家康は糸割符制度を創設した。それは，ポルトガル船のもたらした白糸（中国船の生糸）を，幕府の指定した特定商人である糸割符仲間に一括購入させるという内容をもつものだった。

　従来，生糸獲得をめざす国内商人の無制限な競争が，輸入品である白糸の購入価格を競り上げていたが，この制度の創設によって，白糸は固定的価格で一括購入されるようになった。白糸購入価格の決定権を日本側が事実上掌握したため，ポルトガル商人が巨額の富を獲得している現実に歯止めがかけられた。

　さらに家康は，糸割符制度創設直後から，いくつかのルートを使って明との講和・国交回復を模索している。どのルートからの要請にも明は反応を示さず，そうした努力はすべて失敗に終わったが，家康が朝鮮や琉球をはじめとする周辺諸国との交渉に熱心だったのは，最終的にはそれらを，明との通交実現＝直結ルート確保，に結びつけようとする意識が強かったからだと考えられている。

要点

❶ 糸割符仲間　糸割符仲間は当初，堺・京都・長崎の有力商人（三カ所商人）で構成されたが，1631年に江戸・大坂の商人も加えられた（五カ所商人）。

❷ 家康のねらい　貿易利潤の独占をめざす家康は，まず糸割符制度によりポルトガルの利益独占体制に打撃を与え，続いて，明との国交回復・貿易開始によって日本船を

直接中国に向かわせ，ポルトガル商人という仲介者を完全に排除して白糸貿易の独占｜をも狙ったと考えられる。

> **発展 白糸**
>
> 白糸とは，中国産の上質な輸入生糸のことをいう。
> 　日本では，繭を生産する養蚕業や繭から生糸をつくる製糸業の発展・定着が遅れたため，近世初期まで，京都西陣で生産される高級絹織物の原料糸を白糸に依存する状態が続いた。また，近世になると養蚕地帯が東山道諸国に広がっていったが，養蚕・製糸業はなお未分化の状態にあり，両者ともに幕末（自由貿易開始期）まで農家の副業だったことにも注意しておきたい。
> 　さて，近世初頭の時期に，この中国産輸入生糸である白糸の貿易を担った勢力が，1557年に中国のマカオに拠点を築いたポルトガル商人だった。彼らは，海禁政策（伝統的な華夷秩序を背景に中国人の私的な海外渡航を禁じた政策）下にあった明で生糸を入手し，それを日本に持ちこんで日本産の銀を獲得する中継貿易（日本銀を中心にした三角貿易）を軌道に乗せ，大きな利益をあげるようになっていた。

3 いわゆる「鎖国」政策の展開

　幕府は，禁教（キリスト教の根絶）と貿易利潤の独占という観点から，外交や貿易を管理する，いわゆる「**鎖国**」政策を次第に強化していった。

「鎖国」政策の推移

1610年代	1612	幕府，直轄領に**禁教令**を布告（1613　禁教令を全国に拡大）。
	1614	宣教師や高山右近（キリシタン大名）ら300人以上をマニラとマカオに追放。
	1616	中国船以外の外国船来航を**長崎・平戸**に限定。
1620年代	1622	長崎で，宣教師・信徒ら55人を処刑（元和の大殉教）。
	1624	スペイン船の来航を禁止。
1630年代	1631	朱印船の渡航を老中の許可制とする（**奉書船**制度開始）。
	1633	**寛永十年禁令**　奉書船以外の日本船の海外渡航を禁止。
	1635	**寛永十二年禁令**　日本人の海外渡航・帰国を全面的に禁止。これにより朱印船貿易途絶。
	1637	島原の乱発生（～38，キリスト教弾圧に抵抗した農民一揆）。
	1639	**寛永十六年禁令**　ポルトガル船の来航を禁止。
1640年代	1641	平戸のオランダ商館を長崎**出島**へ移転。このころから，海外情報を記した**オランダ風説書**の提出はじまる。

> 要点

❶ **奉書船制度** 奉書船制度とは，従来の朱印状に加えて老中奉書（老中の許可状）を携帯させることにした，朱印船貿易の統制強化策。

❷ **オランダ風説書** いわゆる「鎖国」下，日本との貿易を認められたオランダ船が長崎来航にあたって幕府に定期的に提出した，海外情勢に関する報告書。日本人の海外渡航禁止（海禁）と禁教を徹底した幕府にとって，風説書は海外情報を確保するうえで重要な意味をもっていた。現在知られている風説書は，和文・蘭文あわせて318通余り，時期は1641年から1857年におよんでいる。

アヘン戦争が発生すると，もっと詳しい情報が不可欠だと判断した幕府の意向により，1842年から，従来の風説書とは別個に詳細な報告書が提出されるようになった。これを別段風説書と呼んでいる。

> 発展 **オランダ商館**

江戸時代初期には平戸，のち長崎出島にあったオランダ東インド会社の日本支店。出島に滞在する外国人は，商館長（甲比丹・カピタン）・外科医など10人前後で，そこでは彼ら自身が「国立の牢獄」と形容するほど不自由な生活を余儀なくされた。また商館長は，年1回（のち5年に1回）江戸に参府して将軍に謁見することを義務づけられていた（総計167回）。参府の際，商館長は書記・外科医を連れていったにすぎなかったが，日本側が警備と監視のため多くの役人をつけたので，参府一行は200人近くに達した。

幕末の1858年，日蘭修好通商条約の成立（安政の五カ国条約）により商館長は外交代表に任命され，1860年には，商館はオランダ総領事館を兼ねることになる。

なお，出島に滞在した人物に，日本の医学・蘭学の発展に寄与したツンベルク（医師），シーボルト（医師，→鳴滝塾・シーボルト事件），日本を海外に紹介したケンペル（医師，→著書『日本誌』の一部を志筑忠雄）らがいる。

4 「鎖国」体制

江戸幕府の創出した「鎖国」体制とは，キリスト教を排除（禁教）して対外関係を統制することで，自己を中心とした周辺諸国・諸地域との安定的・固定的関係を構築するという性格をもつものだった。近年，それは海禁政策（→p.95）の発動だったととらえる見方が一般化している。

> 要点

❶ **「鎖国」という言葉** この言葉は，19世紀初頭に志筑忠雄（長崎通詞）がつくりだしたもので，「鎖国」体制が確立していく時期に，これを「鎖国」と認識した人物はいなかった。

「鎖国」によって「国を鎖す」という字句どおりの体制ができあがった,と誤解しないようにすること。

❷ 通信国と通商国　いわゆる「鎖国」下の対外関係は,通信国と通商国にわけて理解することができる。

　通信国とは幕府との正規の国交がある国をいい,具体的には朝鮮(李朝)と琉球王国をさす。朝鮮からは通信使が来朝し,対馬の宗氏とのあいだで己酉約条にもとづいて貿易がおこなわれ,琉球は薩摩の島津氏に服属して中国と朝貢貿易をおこなう一方で,慶賀使・謝恩使を幕府のもとに派遣した。

通商国に位置づけられたオランダと中国の商船は日本への来航を許され,貿易港は長崎1港に限定された(長崎貿易)。

❸ 「四つの口」　「鎖国」下の日本については,「四つの口」という理解の方法もある。
　「四つの口」とは,日本の外交上の窓口は4カ所だ,という対外関係にかかわる認識のことをいい,具体的には,長崎口(幕府直轄,オランダ船・中国船が来航),薩摩口(薩摩藩が琉球と交易),対馬口(対馬藩が朝鮮と交易),松前口(松前藩がアイヌと交易)をさしている。

発展　キリシタンの禁圧

　キリシタンとは,近世における日本人キリスト教(カトリック)信者のことで,当初は「吉利支丹」などと表記されていたが,禁教(キリスト教の根絶)政策が徹底すると,「切支丹」といった負のイメージをもつ表現が用いられるようになった。
　キリスト教の布教は,1549年にイエズス会士フランシスコ＝ザビエルがキリスト教をはじめて日本に伝えてから織田信長の時代まで,基本的には地域権力や統一権力の保護をうけていた。日本の統一権力による禁教方針が明示されたのは,主君への忠誠より神への絶対的崇敬を優先する宗教を危険視した豊臣秀吉の時代になってからで,その最初の事例が1587年に発令されたバテレン(伴天連)追放令である。ただしこの段階では,秀吉が一方で南蛮貿易を奨励したため,禁教方針が徹底しなかったことにも注意しておきたい。
　禁教方針の明確化とその徹底は,江戸幕府のもとで進められた。この点については,「❸いわゆる『鎖国』政策の展開」を参照してほしい(→ p.136)。さらに江戸幕府は,絵踏の実施と寺請制度の整備という二つの方法でキリシタンの根絶を図っていった(→ p.128)。

発展　対馬口

　1600年の関ヶ原の戦いで対馬の宗氏は西軍に属したが,徳川家康によって本領を安堵された。その背景には,戦国時代以来,日朝間の外交ルートが途絶えていたことがあり,家康は,朝鮮(李朝)に対する窓口として宗氏の存在を重視せざるを得なかった。
　1607年に朝鮮からの使節が来日し(4回目から通信使と呼称,1811年まで前後12回),日朝の国交が回復すると,1609年には,朝鮮と宗氏とのあいだで己酉約条(慶長条約)が締結されて日朝間の貿易が再開された。同約条には,年間20隻の歳遣船(毎年一定数を限って朝鮮に派遣された船)のうけいれ,釜山の倭館での交易などが規定され,宗氏は対朝鮮貿易を独占していくことになった。
　対馬藩にとって,この日朝貿易(倭館貿易)は欠かすことのできないものだった。対馬島の農業生産力はきわめて低かったが,幕府は朝鮮との重要な外交上の窓口(対馬口)である対馬

藩を10万石格の藩として遇している。藩主の宗氏は貿易利潤を御恩として家臣に分与し、家臣は奉公として幕府から宗氏に課された朝鮮押えの役(軍役)を務めるかたちをとっていた。対馬藩では、**倭館貿易にともなう利潤を媒介にして主従関係が形成された**のである。

発展 江戸時代の朝鮮使節一覧1(回答兼刷還使)

回数 西暦 将軍	総人員 (大坂留)	名称 目的(備考 *は朝鮮人捕虜の帰国人数)	
①1607 秀忠	467	回答兼刷還使	日朝国交回復、捕虜返還、国情探索(帰国時に銃500挺購入、*1240人)。
1609 己酉約条締結。 1616 中国東北地方(満州)に居住する女真族のヌルハチ、後金を建国。			
②1617 秀忠	428 (78)	回答兼刷還使	大坂の役による徳川氏の日本平定祝賀、捕虜返還、国情探索(京都の伏見城で応接、*321人)。
③1624 家光	300	回答兼刷還使	家光の将軍就任祝賀、捕虜返還、国情探索(*146人)。

　回答兼刷還使の「回答」とは日本からの国書に対して朝鮮国王が「回答」すること、「刷還」とは豊臣政権下での文禄・慶長の役(壬辰・丁酉倭乱、1592〜98年)で日本に連行された朝鮮人捕虜を返還することを意味していた。

　捕虜の返還については、1回目1240人、2回目321人、3回目146人が実現した。加えて、この回答兼刷還使は、江戸幕府のもつ性格を確かめる国情探索の使命も帯びていた。特に1回目の使節は、慶長の役における日本軍の朝鮮半島撤退から9年しか経過していない時期に派遣されたため、豊臣政権と同様の武士政権である幕府に強い警戒心を抱いていた。

発展 江戸時代の朝鮮使節一覧2(通信使)

回数 西暦 将軍	総人員 (大坂留)	名称 目的(備考 *は朝鮮人捕虜の帰国人数)	
1627 女真族、朝鮮に侵入(丁卯胡乱)。 1635 家光の裁定で、柳川一件(日朝両国国書の偽造事件)決着。 1636 後金、国号を清に。大軍を組織してふたたび朝鮮に侵入(丙子胡乱)。			
④1636 家光	475	通信使	泰平祝賀(以降「通信使」と称す、将軍の称号を「日本国王」から「日本国大君殿下」に、日光山参詣、*2人)。
1637 朝鮮、丙子胡乱に敗北。以後、清朝の冊封国に。			
⑤1643 家光	462	通信使	家綱誕生祝賀、日光東照宮落成祝賀、清朝牽制、国情探索(日光山参詣、*14人)。
⑥1655 家綱	488 (103)	通信使	家綱の将軍就任祝賀(日光山参詣)。

7 1682	綱吉	475 (112)	通信使	綱吉の将軍就任祝賀。
8 1711	家宣	500 (129)	通信使	家宣の将軍就任祝賀（新井白石，通信使の待遇を簡素化し，国書に記された将軍の称号を「日本国大君殿下」から「日本国王」に）。
9 1719	吉宗	475 (109)	通信使	吉宗の将軍就任祝賀（吉宗，祖法尊重の立場から白石以前の状態に復旧）。
10 1748	家重	475 (83)	通信使	家重の将軍就任祝賀。
11 1764	家治	472 (106)	通信使	家治の将軍就任祝賀。
1788				松平定信，経費節減の観点から通信使派遣の延期を要請。
12 1811	家斉	336	通信使	家斉の将軍就任祝賀（対馬で応接＝易地聘礼）。

　4回目以降の朝鮮使節の名称は修好を目的とする通信使とされ，この変更の際には，ほかにも将軍の称号を「日本国大君殿下」とする措置などがとられている。これらは日本側が主導したもので，形式や体面を重んじる東アジアの伝統からみると，外交上の摩擦を生みだしかねない性格を帯びていた。しかし，1636年における朝鮮使節の待遇改定は，日朝間の外交問題には発展しなかった。そこには，当時の東アジア情勢が深くかかわっていたと考えられる。
　17世紀前半は明清交替期にあたり，朝鮮は南下する後金軍（のち清軍）の攻撃対象とされた。長く明朝に朝貢し，「援明抗清」姿勢をとった朝鮮にとって，日本との関係は良好なものでなければならなかった。北方からの強烈な軍事的圧迫という死活的な脅威が，南方に派遣する使節の制度変更を問題視するような選択肢を霧消させてしまったのである。

5 長崎貿易

　いわゆる「鎖国」政策の結果，中国からの来航船が増えたこともあって，幕府公認の貿易港になった長崎での取引は年々増加していった。

　長崎貿易に対する制限は，金銀産出量の減少を背景に長崎貿易における金銀の流出が大きな財政問題になった17世紀末，5代将軍徳川綱吉の時代に本格化した。長崎における貿易制限策は，1715年，新井白石のだした海舶互市新例によって確立することになるが，こうした制限を加えなければならなかったところに，活発な長崎貿易の様子が逆に示されているといえよう（→p.146）。

要 点

❶ **長崎出島** 江戸時代，いわゆる「鎖国」期間中に長崎に来航するオランダ人の居住地にあてられ，オランダ東インド会社の日本商館がおかれていた扇形の人工島。この出島の面積は3969坪（約1万3000㎡）で，長崎の町との間には橋が架けられていた。

❷ **唐人屋敷** 江戸時代，長崎におかれた中国（清国）人居留地。貿易統制などのため，1688年に長崎郊外に設営することが決められた。中国（清国）人は原則として唐人屋敷からでることを禁止され，日本人の出入りも役人や一部の商人などに限定された。

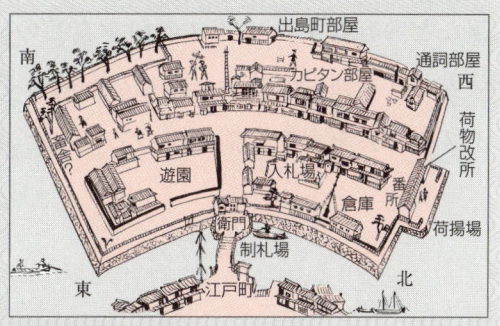

長崎の出島

発展 『華夷変態』

「鎖国」体制の完成に代表される幕藩体制の確立は，アジアにおける日本の国家的自立をも意味するものだった。それは17世紀後半に達成されることになる。

17世紀前半，中国東北部に居住していた女真人（満州人）は1616年にヌルハチ（清朝初代皇帝）のもとで統一を果たし，国号を清（1636〜1912年）とした。一方，すでに衰えの激しかった明は，反乱のあいつぐなかで1644年に滅亡する。以後，清の支配領域は中国全土におよんでいくことにはなるが，満州人の支配に対する抵抗も根強かった。たとえば，明の遺臣鄭成功など反清勢力の拠点となった台湾を清がようやく攻略に成功したのは1683年，17世紀末のことだった。

明の滅亡に際して，江戸幕府にも鄭成功ら武将から明を軍事的に援助するよう要請があったが，幕府は最終的に出兵を拒否した。その間の様々な外交文書などを編纂した書物は，『華夷変態』（林鵞峰・林信篤編）と名づけられている。これは，大陸で生じた巨大な変化を幕府がどう認識したかをよく示すものになっている。

幕藩制国家は，明滅亡過程を通じて中国を中心とする華夷秩序から脱して，中国からの相対的な自立を果たすと同時に，「日本型華夷意識」を形成していったと考えられている。

6 蝦夷地との関係（中世・近世）

14世紀以降，本州の社会はアイヌの居住する蝦夷地（**蝦夷ヶ島**，現在の北海道）と本格的な関係をもつようになる。具体的には，畿内⇔津軽の十三湊⇔蝦夷地，という日本海交易が発展し，和人は，津軽の豪族安藤氏の支配下で勢力を拡大した（道南十二館）。

4．海禁と禁教　141

こうした和人の進出は，ユーカラ（英雄の活躍など内容とするアイヌの口承文芸の一つ）に代表される独自の社会と文化を形成してきたアイヌの社会を大きく揺さぶっていった。

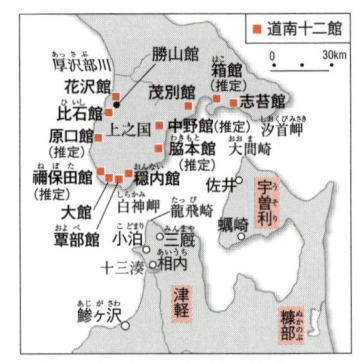

道南十二館と周辺要図（中世後半）

要点

❶ **大蜂起の発生** 室町時代の後半にあたる1457年，和人の圧迫に対し，アイヌの大首長**コシャマイン**を中心とする蜂起が発生（コシャマインの戦い）。和人側は苦戦したが，蠣崎氏（のち1599年に**松前氏**と改姓）が鎮圧に成功した。

❷ **商場知行制** 江戸時代，和人地を支配する松前藩の知行形態をいう。1604年，徳川家康から**アイヌとの交易独占権**を保障されて藩制をしいた松前藩は，家臣に対して特定地域におけるアイヌとの交易権を知行として与えた。この交易対象地域のことを，**商場**あるいは**場所**と呼んでいる。

❸ **場所請負制度** 1669年，蝦夷地で**シャクシャインの戦い**が発生した。この戦いで和人側に敗北したアイヌは，松前藩に全面的に服従することを余儀なくされていった。松前藩は，商場での交易や漁業生産を和人商人に請け負わせ，運上金を上納させるようになる。

このシステムを**場所請負制度**といい，アイヌは自立した交易相手から漁場における労働者として酷使されることを余儀なくされるようになった。

❹ **クナシリ島の蜂起** クナシリ・メナシの蜂起ともいう。1789年にアイヌ最後の蜂起が発生した。

重要用語

□朱印船　□日本町　□生糸　□糸割符制度　□慶長遣欧使節　□平戸
□鎖国　□禁教令　□長崎　□奉書船　□出島　□オランダ風説書　□通信使
□宗氏　□己酉約条　□慶賀使　□謝恩使　□倭館　□唐人屋敷　□清
□蝦夷ヶ島　□コシャマイン　□松前氏　□商場　□場所
□シャクシャインの戦い　□場所請負制度

5. 平和と秩序の確立

1 幕政の転換

　家康・秀忠・家光の時代を通じて体制の確立に成功した江戸幕府は、反面で、多数の牢人の発生や「かぶき者」の横行など、新しい社会問題に直面することになった。「かぶき者」とは、自力救済の精神や集団的な武力行使を正当だと考える中世的な意識（→ p.121）をもち、異様な風体で市中を歩きまわって自己を誇示した一群のことをいう。

　徳川家綱が4代将軍となった1651年、兵学者由井正雪らが牢人とともに蜂起を企図した事件（慶安の変）が発覚すると、幕府は、従来の統制色の強い方針に変更を加え、社会不安の除去・秩序の維持に力を注いでいった。それは、明暦の大火（1657年）などの災害に対応し、人心の安定を図る点でも重要だったと考えられている。

2 文治政策の採用

　4代将軍徳川家綱の治世の前半は、家光の弟で会津藩主の保科正之らが将軍を補佐した。

> **要点**
>
> ❶ 末期養子の禁止の緩和（1651年）　末期養子の禁止は、大名の改易をしばしばもたらしていた。末期養子の禁止の緩和措置は、改易の原因を除去して牢人の増加を防止するためにとられたものだが、それは同時に大名家の安定度を高めることになった。
>
> ❷ 殉死の禁止（1663年）　殉死（病死した主君に殉じて家臣が死を選択する行為）の流行は、藩政をになう有能な人材を失わせるという弊害を生んだ。殉死の禁止によって、主従関係が個人的なものではなく、大名家と家臣とのあいだで永続するものであることが明示された。
>
> ❸ 経済政策　17世紀後半には、全国的な広がりをみせつつあった商品経済に対応する政策も打ちだされた。具体的には、江戸の商人河村瑞賢による東廻り・西廻り海運ルートの整備（→ p.155）、相続による田畑の細分化を防ごうとした分地制限令の発令（→ p.130）、幕府財政の安定化をめざした大規模な幕領検地の実施、などをあげることができる。

3 5代将軍徳川綱吉の登場

　17世紀末から18世紀初頭にかけての，**元禄時代**と呼ばれる5代将軍**徳川綱吉**の治世は，政治が比較的安定し，経済の発展が顕著にみられる一方で，幕藩体制のもつ矛盾が表面化してきた時代だといってよい。

　1680年に将軍に就任した綱吉は，当初，堀田正俊を大老とし，代官の更迭・幕領支配の強化などを遂行した（天和の治）。しかし，正俊が暗殺されると，幕政は，強化された将軍の権威を背景に，側用人**柳沢吉保**らの専権を許す傾向が強まっていった。また，学問を好んだ綱吉は，儒学の精神を政治に反映させることに意欲を燃やした将軍としても知られている（文治主義）。

要点

❶ **武家諸法度（天和令）** 武家諸法度第一条を改定して，主君に対する**忠**，父祖に対する**孝**，**礼儀**による秩序を重んじるよう求めた。

❷ **湯島聖堂** 上野忍ケ岡の林家の私塾と孔子廟を湯島に移し（**湯島聖堂**），同地を学問所（聖堂学問所）として整備するとともに，林信篤（鳳岡）を大学頭に任命した。

❸ **天文方** 天文・暦術などを担当する天文方をおき，貞享暦の作成した安井算哲（渋川春海）を登用した（→ p.160）。

❹ **歌学方** 和歌について担当する歌学方をおき，北村季吟を登用。

4 生類憐みの令

　5代将軍徳川綱吉の個性を反映するかたちで発令された**生類憐みの令**は，結果的に人々の生活を圧迫する虐政になった。

要点

❶ **生類憐みの令の内容** 生類すべての殺生を禁ずる極端な動物愛護令をいう。20年余にわたって継続された。綱吉が戌年生まれだったこともあり，犬の保護は特に厳重を極めた。

❷ **生類憐みの令の意図** 生類すべてを幕府の管理下におこうとする政策の一環だったと考えられている。

❸ **生類憐みの令の影響** 生類憐みの令は，綱吉が「犬公方」と称されるなど，庶民の不

満を増大させた。一方，近親者の死没の際に喪に服する期間を定めた**服忌令**の制定ともあいまって，犬を食うといった行為が目についた「かぶき者」に代表される戦国の遺風を除去し，殺生や死を忌みきらう風潮を高めた。

5 財政難の進行と元禄金銀

　5代将軍徳川綱吉の時代は，幕府財政が危機を迎えた経済の転換期でもあった。

　財政難の要因として，収入面では，佐渡金山・生野銀山など金銀山枯渇による鉱山収入の激減，長崎貿易に対する制限（→ p.140, 146）などによる貿易利益の減少，という点を，また支出面では，明暦の大火後の江戸城と市街の再建に巨額の費用がかかったこと，多くの寺社の修理・造営がおこなわれるなど綱吉が放漫財政を続けたこと，という点を指摘することができる。

　全体として，自給自足を建前とする幕藩体制が急速な経済発展に揺さぶられはじめた点にも注意しておきたい。

　こうしたなかで，勘定吟味役（のち勘定奉行）の**荻原重秀**は，収入不足を補うために従来よりも品位を下げた小判を発行した。

要点

❶ **荻原重秀の貨幣改鋳**　質の劣った小判を発行するなど，品位を落とした貨幣改鋳を実行した（元禄金銀）。結果として大量の差額収入（これを出目という）が生じ，幕府財政は一時うるおった。

❷ **貨幣改鋳の影響**　当時はすでに金銀山が枯渇してきており，さらに長崎貿易で金銀が流出する状況にあったため，荻原重秀のおこなった貨幣量を増やす政策は，この時代の経済発展に適合的な側面をもっていた。しかし一方で，この貨幣改鋳のもたらしたインフレは，物価の上昇を促進して人々の生活を圧迫した。

6 正徳の政治の理想と現実

　18世紀初期，6代将軍徳川家宣・7代将軍徳川家継のもとで政治をリードしたのは，朱子学者**新井白石**だった。彼は，徳川綱吉の政治を修正しながら，

将軍職の地位とその権威を高め，儒学にもとづく理想主義的な政治を展開しようとこころみた(正徳の政治)。

その具体例として，(a)天皇家と結んで将軍の威信を高めるために閑院宮家を創設した，(b)朝鮮通信使(→p.138)に対する待遇を簡素化し，その国書に記された将軍の称号を「日本国大君殿下」から「日本国王」に改めさせた(→徳川吉宗以降は祖法尊重の立場から「大君」に戻された)，といった政策を指摘することができる。

しかし，こうした諸政策は，学者である白石の主観においては重要だったが，必ずしも，変動する社会の現実に即応した性格をもつものとはいえなかった。

正徳の政治の過程で，正徳小判の鋳造や海舶互市新例による長崎貿易の制限などが実行された。

要点

❶ 正徳金銀　新井白石は，慶長小判と同量の金を含有する貨幣を鋳造した(正徳小判)。物価騰貴の抑制を意図したが，再度の貨幣改鋳はかえって経済界を混乱させた。以後，享保改革では正徳金銀と同様の貨幣が鋳造されたが，そののち次第に，貨幣の重量は減少し，その品位も落とされていった。

❷ 『読史余論』　白石が摂関政治の開始から江戸幕府の成立までの政治史を論じた歴史書。独自の時代区分論(九変五変論)を展開。

❸ 『西洋紀聞』　1708年にイタリア人のイエズス会宣教師シドッチが屋久島に潜入して捕らえられた。シドッチを直接尋問して対話を重ねた白石によって『西洋紀聞』(西洋研究書)と『采覧異言』(世界地理書)が著され，それらは日本の蘭学研究において先駆的な役割を果たすことになった。

❹ 『折たく柴の記』　白石の自叙伝。幕政の内部事情を知ることができるので，史料問題での出題も多い。

❺ 長崎貿易　17世紀末から貿易制限が本格化した(→p.140)。

1685(綱吉時代)　オランダ船・清船(中国船)との年間貿易額の制限を開始した。

1688(綱吉時代)　清船の来航を年間70隻に限定し，清国人の居住を限定するため，唐人屋敷の建設に着手した。

1715(正徳の政治)　金銀の流出を防止するため，海舶互市新例(長崎新令・正徳新令)をだし，年間貿易額の制限を確立した(オランダ船2隻・銀高3000貫，清船30隻・銀高6000貫に制限)。

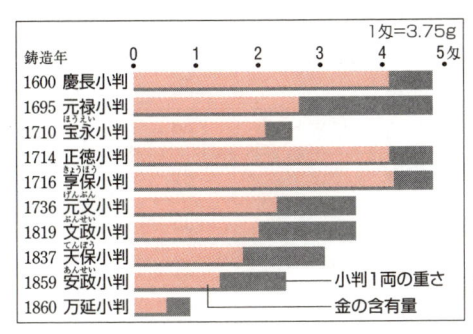

金貨成分比の推移
(『日本通貨変遷図鑑』より)

鋳造年	小判名
1600	慶長小判
1695	元禄小判
1710	宝永小判
1714	正徳小判
1716	享保小判
1736	元文小判
1819	文政小判
1837	天保小判
1859	安政小判
1860	万延小判

1匁=3.75g　小判1両の重さ／金の含有量

7 諸藩における文治政治

国内における戦乱が終息し，清による中国支配(→p.141)も安定して平和が継続するなかで，諸藩においても支配の充実や藩主の権力強化が図られた。儒学者を顧問にして藩政の刷新にとりくんだ池田光政(岡山)・保科正之(会津)・徳川光圀(水戸)・前田綱紀(加賀)などの例がよく知られている。

要点

❶ **池田光政(岡山)** 熊沢蕃山(陽明学者)を登用。郷学閑谷学校を設けた。
❷ **保科正之(会津)** 山崎闇斎(朱子学者，垂加神道を創始)を招く。
❸ **前田綱紀(加賀)** 木下順庵(朱子学者)・稲生若水(本草学者)を招いて学問の振興を図った。
❹ **徳川光圀(水戸)** 朱舜水(明から亡命した朱子学者)を登用。江戸に彰考館を設けて『大日本史』の編纂を開始。

江戸幕府の将軍一覧

代	氏名	在職期間	父	没年齢
1	徳川家康	1603〜1605	松平広忠	75
2	徳川秀忠	1605〜1623	家康	54
3	徳川家光	1623〜1651	秀忠	48
4	徳川家綱	1651〜1680	家光	40
5	徳川綱吉	1680〜1709	家光	64
6	徳川家宣	1709〜1712	綱重(甲府藩主)	51
7	徳川家継	1713〜1716	家宣	8
8	徳川吉宗	1716〜1745	光貞(紀伊家*)	68

9	徳川家重	1745～1760	吉宗	51
10	徳川家治	1760～1786	家重	50
11	徳川家斉	1787～1837	治済(一橋家*)	69
12	徳川家慶	1837～1853	家斉	61
13	徳川家定	1853～1858	家慶	35
14	徳川家茂	1858～1866	斉順(紀伊家*)	21
15	徳川慶喜	1866～1867	斉昭(水戸家*)	77

＊紀伊家(和歌山藩主)と水戸家(水戸藩主)は御三家，一橋家は御三卿。

重要用語

- □徳川家綱　□慶安の変　□明暦の大火　□保科正之
- □末期養子の禁止の緩和　□殉死の禁止　□河村瑞賢　□元禄時代
- □徳川綱吉　□柳沢吉保　□忠・孝・礼儀　□湯島聖堂　□生類憐みの令
- □服忌令　□荻原重秀　□新井白石　□正徳の政治　□閑院宮家　□正徳小判
- □海舶互市新例　□清　□池田光政　□徳川光圀　□前田綱紀

MEMO

6 経済の発展

1 農業発展の基本的特徴

17世紀から18世紀にかけて，日本の農業は，小農経営が一般化し，耕地面積の拡大と土地生産力の向上とがかみあい，急速な進歩をとげていった。治水・灌漑技術の発達が大規模な新田開発を可能とし，農具の改良，金肥(購入肥料)の利用，農書の出現，商品作物の栽培などによって，高い生産性をもつ集約的な農業が定着することになった。

2 農具の改良

農作業の各段階で必要とされる多くの農具(備中鍬・踏車・千歯扱・唐箕・千石簁など)が考案された。

要点

❶ 備中鍬 田畑の荒おこし・深耕用の鍬をいう。
❷ 踏車 揚水・排水に用いる小型の水車。小農経営に適していたため，従来の竜骨車に代わって普及した。
❸ 千歯扱 脱穀用の農具。
❹ 唐箕 穀粒と不純物を風力でふるいわける選別用の農具。
❺ 千石簁 穀粒の大小を選別する農具。

MEMO

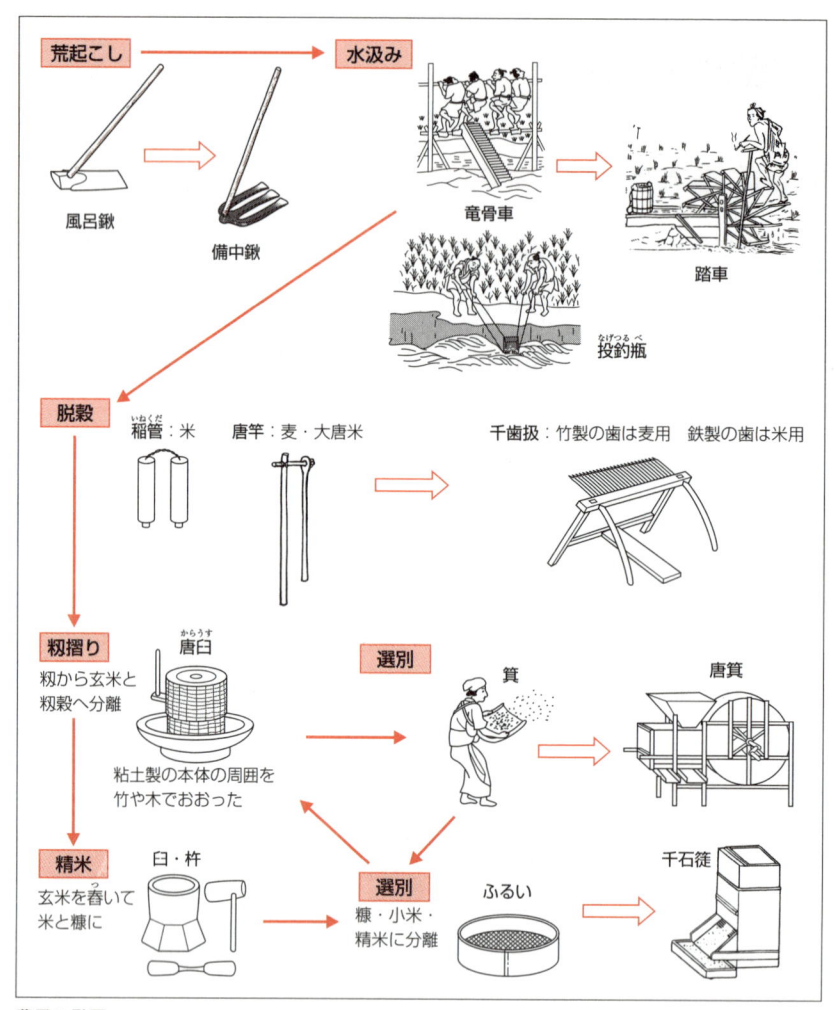

農具の発展

3 金肥の利用と農書の出現

　自給肥料に加えて干鰯・油粕といった金肥(購入肥料)も用いられるようになり，田畑の地力を維持・向上させた。

　さらに，農業の発達は，古代・中世には成立しなかった農書という新しい分野の書物を生みだした。農業技術の進歩をうながした農書の普及は，商品流通が深化したことや識字率が向上して農書で学ぶ上層農民が登場したことを示している。

具体例として大切なのは，江戸時代前期の『農業全書』（宮崎安貞），後期の『農具便利論』『広益国産考』（大蔵永常）になる。

> 要点
>
> ❶ 干鰯　鰯などを乾燥させた肥料。やがて鰊なども代用された。商品作物栽培の拡大とともに干鰯の使用が本格化し，地曳(引)網漁などが定着した房総半島の九十九里浜（鰯漁）は，その中心的な生産地となった。
>
> さらに18世紀末ごろから，蝦夷地（鰊漁）でも魚肥製造が開始され，西廻り海運ルートを利用して各地に供給された。
>
> ❷ 油粕　油菜や綿の種などから油をしぼった残り。

4 製塩業・醸造業

江戸時代には，農業以外の諸産業も著しく発達した。ここでは，製塩業と醸造業をとりあげる。

> 要点
>
> ❶ 製塩業　日本では古くから海水を利用して塩が生産されてきた。塩田には，(a)海水を塩田地盤の砂に人力でかけて太陽熱と風で水分を蒸発させる自然浜（揚浜）と，(b)潮の干満差を利用して塩田に海水を引き入れる入浜という二つの方法があり，江戸時代になると，(b)の入浜塩田が瀬戸内海沿岸部などで発達した。
>
> ❷ 醸造業　江戸・大坂・京都周辺では，醸造業が発展した。伏見・灘の酒，近畿に加え，関東の野田・銚子の醤油などが知られている。

5 幕藩体制下の貨幣流通

江戸時代には，金座・銀座・銭座が設けられ，統一的な貨幣（金・銀・銭の三貨）が全国に普及していった。

使用法・流通地域の点で性格の異なる貨幣を円滑に流通させるため，江戸幕府は，金銀銭（三貨）の交換比率を公定したが，実際の三貨の交換比率は，その時々の相場によって変動していくことになった。

また，こうした特徴をもつ江戸時代の貨幣流通は，三貨の交換や銀貨の計量を商売とする両替商によって支えられた。大坂や江戸では，預金・貸付・

為替などの業務もおこなう有力な両替商（**本両替**（ほんりょうがえ））も成長していった。

> **要点**
>
> ❶ **江戸の金遣い** 1両小判・1分金（1両＝4分＝16朱）などが鋳造された金貨は，価格が表示された計数貨幣として使用され，主に東日本で流通した。
>
> ❷ **上方の銀遣い** これに対して，丁銀（重量40匁（もんめ）前後＝約150g）・豆板銀（重量5匁前後）が鋳造された銀貨は，重さが不定であるため重量をはかって使用する**秤量貨幣**（しょうりょう）であり，主に西日本で流通した。
>
> ❸ **寛永通宝** 銭（1貫＝1000文，計数貨幣）は**寛永通宝**（かんえいつうほう）が大量に鋳造され，全国に広く普及した。

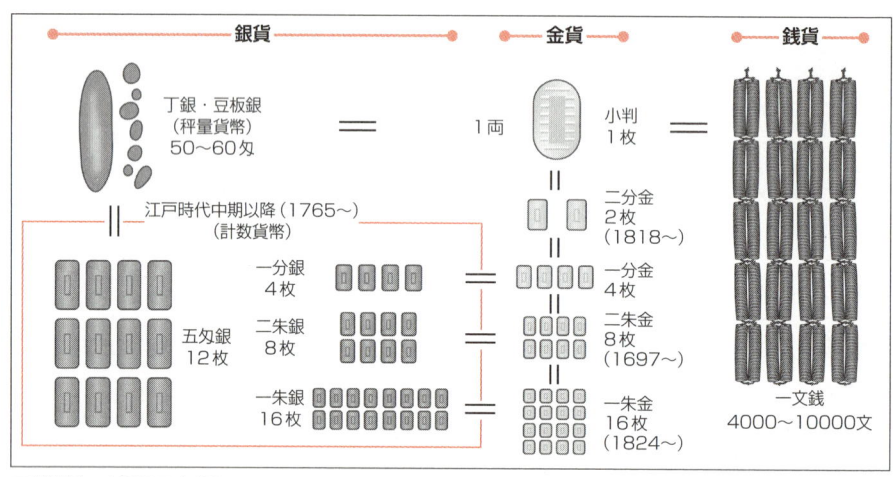

三貨体制　出所は日本銀行

6 近世における金山・銀山・銅山

　16世紀，各地に割拠した戦国大名が領国経営の一環として鉱山開発にとりくんだため，17世紀初頭の日本は，世界でも有数の金銀産出国になった（金山→佐渡・伊豆，銀山→但馬生野（たじまいくの）・石見大森（いわみおおもり）など）。ただし，日本の鉱山は鉱脈が豊かでないことが多く，17世紀後半になると金銀産出量は急減し，かわって足尾（あしお）銅山（栃木県）・別子（べっし）銅山（愛媛県）などの銅山開発が進められていった。

　一時的には増加した銅産出量も次第に停滞・減少へと向かったため，18世紀中頃から江戸幕府は**貨幣素材や貿易決済手段として有用**な貴金属の確保・

調達に苦しむようになり，また諸藩では，領内で通用する**藩札**の発行が拡大した。

7 江戸時代の陸上交通

江戸時代の陸上交通路は，おもに公用（参勤交代など）のために整備され，**五街道**（東海道・中山道・甲州道中・日光道中・奥州道中，17世紀半ばからは**道中奉行**が管理）とそれを補完する**脇街道**（脇往還）によって，全国の城下町を結ぶ交通体系が形成された。

要点

❶ **関所の設置** 幕府は，**江戸防衛**という観点から，本州中央部の主要な街道に関所を設けた。

❷ **周辺施設** 幕府は，**宿駅**制度を整えて公用の移動（参勤交代など）や公用書状の運搬（**継飛脚**）の便を図った。これに伴って，人馬（人足と馬）が用意された**問屋場**を中心に新たな**宿場町**が形成され，そこには，幕府の役人や参勤交代の大名が宿泊する**本陣**・**脇本陣**，一般庶民のための旅籠屋のほか，茶屋・土産物屋などが集まった。また，旅行者の里程や運賃決定の目安として機能した**一里塚**なども整備された。

❸ **負担** 公用の移動・輸送のために人馬を提供する負担のことを**伝馬役**という。交通量が増大すると，幕府は，宿駅周辺の村々に追加的に人馬の提供を求めるようになった。

8 全国的商品流通網の形成

江戸時代には，農業生産の飛躍や生活水準の向上を背景に，多くの産業分野で新技術が開発され，各地で名産品が生まれた。こうした産業の発達は，地域間の**交易**を活発にし，全国的な商品流通網の形成をうながし，同時に，物資の集荷・販売の中心となる江戸・大坂・京都（**三都**）など，都市の繁栄をもたらした。よく知られた**卸売市場**（→ p.131）には，大坂では**堂島**の米市場・**雑喉場**の魚市場・**天満**の青物市場，江戸では**日本橋**の魚市場，**神田**の青物市場などがある。

さらに，商業機構（問屋）や金融機関（両替商），大量の物資輸送に不可欠な海上・河川交通などの整備・充実が急速に進行し（**角倉了以**が富士川などの

河川舟運を整備),同時にそれは,富を蓄積した町人の力を増大させていくことになった。

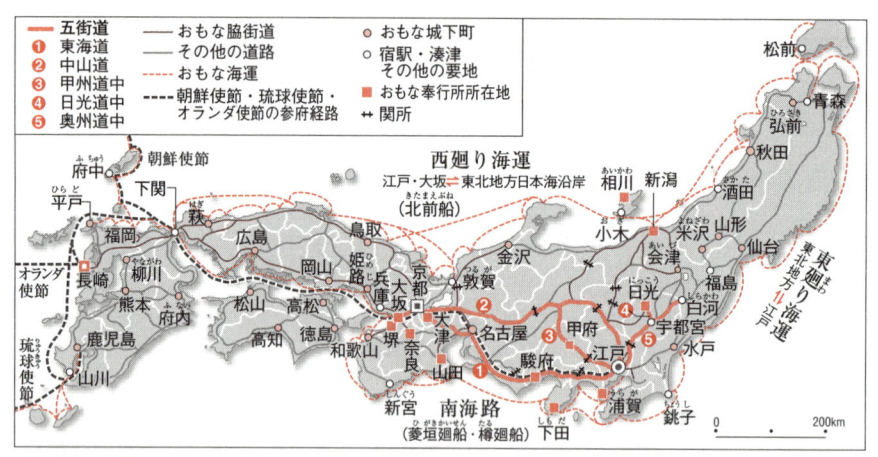

江戸時代の交通

❶ 江戸時代前期の商品流通

江戸時代前期における**大坂**は,古代以来の政治・経済の中心地で,商品作物などを生産する先進的な畿内農村地帯を背後にもち,西陣織や**京**

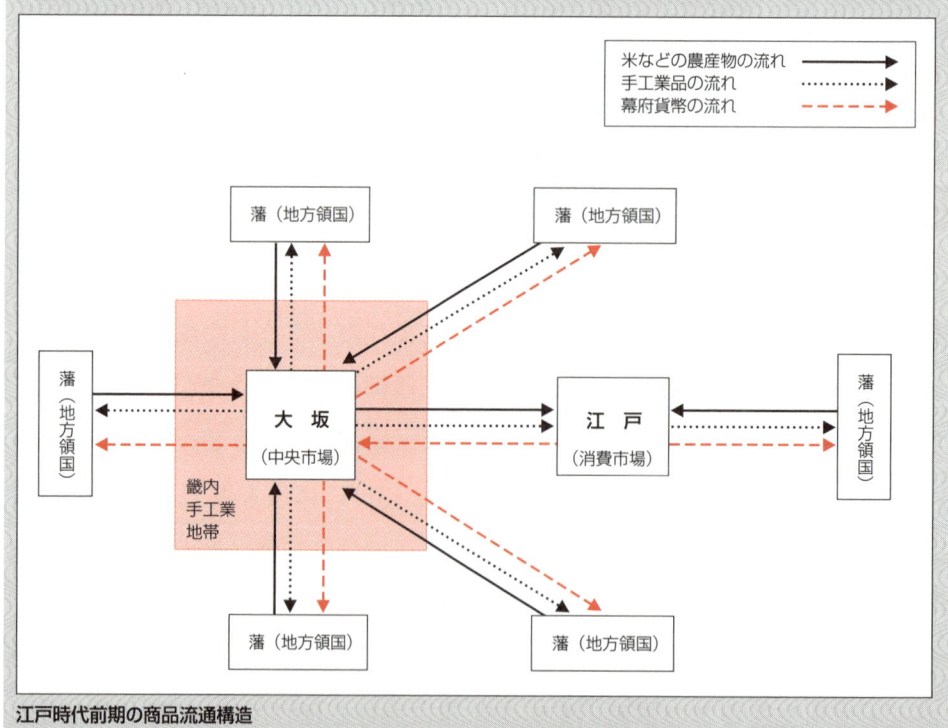

江戸時代前期の商品流通構造

染・京焼（→p.161）など優れた手工業品を生産する京都とも水運路で直結していた。さらに，瀬戸内航路により西国と結ばれていた大坂は，西廻り海運など全国的海運網の整備にともなって全国の物資が集散する中央市場「天下の台所」としての機能を強化した。

この過程で，貨幣や領内で自給できない物資を調達する必要のある諸藩は，大坂に蔵屋敷をおいて領内の年貢米・特産物（蔵物）を集中させ，貨幣や手工業品などの商品を入手するようになっていった（蔵屋敷でこうした業務に携わる商人を蔵元・掛屋という）。加えて，民間商人の手で直接送られてくる商品（納屋物）の取引も活発化した。

また，巨大な消費都市である江戸にとっても，大坂は物資供給に不可欠の存在であり，大坂に二十四組問屋（江戸への商品別荷積問屋），江戸に十組問屋（商品別荷受問屋）が結成され，大量の商品は南海路に就航した菱垣廻船（のち樽廻船が拡大）によって輸送された。さらに東北地方への物資供給も，江戸を中継地にして東廻り海運ルートを利用して展開された。

❷ 江戸時代後期の商品流通　江戸時代後期になると，特産品生産や先進技術の伝播によって，商品生産が各地でおこなわれるようになった。このため諸藩では，地方領国間の交易が増大して大坂を経由しない商品流通網が充実していくと同時に，多様な商品生産地帯が背後に形成された江戸も，中央市場としての機能を強化した。このため，大坂の中央市場としての地位は相対的に低下することになった。

また，こうして地方市場が各地に成立すると，それまでの菱垣廻船や樽廻船に加えて，蝦夷地・日本海沿岸各地の港と大坂とを結ぶ北前船や尾張を拠点にして瀬戸内沿岸・江戸間を運行した内海船など，全国各地の廻船業者による流通活動もみられるようになった。

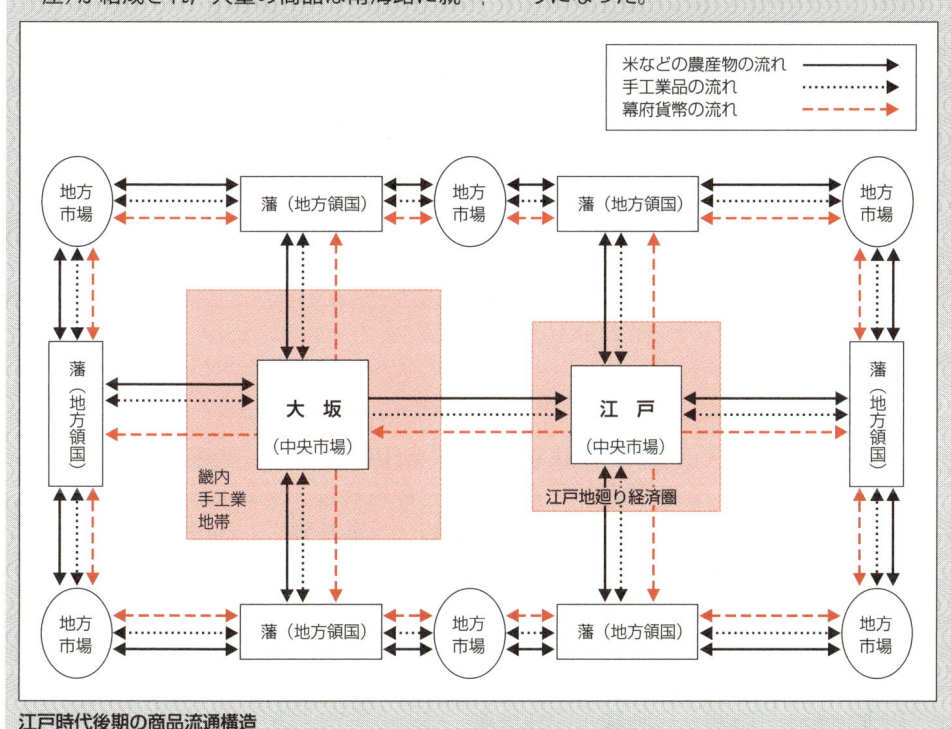

江戸時代後期の商品流通構造

6．経済の発展　155

発展　近世の綿作（綿花栽培）

　日常衣料が麻から木綿へと転換していく衣料革命と並行して，国内に綿作も定着していった。戦国時代末期ごろまでには，綿作地帯は寒冷地を除いて全国的に広がり，江戸時代には畿内周辺の先進的農業地帯に綿作の一大産地が形成された。その理由として，❶この地域には大坂・京都という巨大市場が控えていた，❷干鰯・油粕などの購入肥料が導入され地力が向上した，などの点があげられる。また綿作は，他の作物よりも収益性は高かったが市場経済の波をもっとも敏感に反映する生産部門でもあったため，農民層の分解を促進したという側面を押さえておくことも大切である。

　こうした綿作の普及により，江戸時代には各地に木綿の特産地が出現（久留米絣・小倉織など）して品質や色合いを競いあい，19世紀には，マニュファクチュア（工場制手工業，→p.173）段階に到達した綿織物業も生まれることになった。

発展　生糸の国産化

　1639年のポルトガル船の来航禁止（寛永十六年禁令）によって，いわゆる「鎖国」体制が完成した。しかし「鎖国」後の長崎貿易においても白糸（生糸）は最大の輸入品だった。特に17世紀中頃以後，経済の発展にともなって人々の生活が向上したために，高機（従来よりも高度な技術を用いた木製手動織機）を用いた京都西陣の西陣織など，高級絹織物の需要がさらに増大し，その原料である白糸の輸入（オランダ船が仲介）や清（明は1644年に滅亡）からの私貿易船の来航も，年々増加した。その結果，金銀が大量に流出したので，幕府は，輸入を抑制するため，17世紀末から長崎貿易に対する制限を強化していった（→p.140）。

　一方で18世紀初頭前後から，その不足を補うために国内における生糸（和糸）の生産が増加して，近畿・中部・関東地方を中心に養蚕・製糸が盛んになっていく。これらの地方から京都に送られる生糸は急増し，1689年わずかに9軒だった京都の和糸問屋は，1734年には34軒を数えるまでになった。また18世紀の後半になると，上野の桐生を中心とする北関東（他に伊勢崎・足利）の絹織物生産も発展し，西陣織などとはげしく競合するようになった（19世紀前半にはマニュファクチュア段階に到達，→p.174）。

　こうした生糸の需要増大に対応して養蚕を副業とする農家が増加し，そこでは次第に座繰製糸の方法が普及していった。

重要用語

□備中鍬　□踏車　□千歯扱　□唐箕　□千石簁　□金肥　□『農業全書』
□商品作物　□入浜塩田　□伏見・灘　□野田・銚子　□金座　□銀座
□銭座　□三貨　□両替商　□本両替　□秤量貨幣　□寛永通宝　□藩札
□五街道　□道中奉行　□脇街道　□宿駅　□継飛脚　□問屋場　□宿場町
□本陣　□脇本陣　□一里塚　□伝馬役　□三都　□卸売市場　□堂島
□雑喉場　□天満　□日本橋　□神田　□角倉了以　□大坂　□京染　□京焼
□京都　□西廻り海運　□蔵屋敷　□蔵物　□蔵元・掛屋　□納屋物　□江戸
□二十四組問屋　□十組問屋　□菱垣廻船　□樽廻船　□東廻り海運
□北前船　□高機　□西陣　□西陣織

論述問題研究⑩ ……… 17世紀前半の院内銀山

次の(1)～(4)の文章は，17世紀前半の出羽国の院内銀山について記したものである。これらを読んで，下記の設問A・Bに答えなさい。解答は，設問ごとに改行し，設問の記号を付して記入しなさい。

(1) 1607年に開かれ，秋田藩の直轄となった院内銀山では，開山して数年で，城下町久保田（現在の秋田市）に並ぶ約1万人の人口をもつ鉱山町が山中に形成された。
(2) 鉱山町の住民の出身地をみると，藩に運上を納めて鉱山経営を請け負った山師は，大坂・京都を含む畿内，北陸，中国地方の割合が高く，精錬を行う職人は，石見国など中国地方の出身者が多かった。一方，鉱石の運搬などの単純労働に従事した者は，秋田領内とその近国の割合が高かった。
(3) 鉱山町では，藩が領内の相場より高い価格で独占的に年貢米を販売しており，それによる藩の収入は，山師などが納める運上の額を上回っていた。
(4) 当時，藩が上方で年貢米を売り払うためには，輸送に水路と陸路を併用したので，積替えの手間がかかり，費用もかさんだ。

設問

A 鉱山町の住民のうち，山師と精錬を行う職人の出身地にそれぞれ上記のような特徴がみられたのはなぜか。90字以内で述べなさい。
B 秋田藩にとって，鉱山町のような人口の多い都市を領内にもつことにはどのような利点があったか。60字以内で述べなさい。

(東大，2010年度)

ヒント

設問Aでは，文章(2)にある「畿内」「北陸・中国」「石見国」と銀山との関係を落ち着いて考えたい。近世初期に銀が果たしていた役割も想起すれば，それぞれ性格が異なる「特徴」に正確に迫ることができる。

7 元禄文化（17世紀後半〜18世紀前半）

1 元禄文化の特徴

元禄文化は，平和と安定が経済活動の活発化をもたらすなかで，町人勢力などの台頭が顕著になってくる時期の文化である。全体として，現実を率直にみつめる傾向が強まり，儒学だけでなく天文学などを含む諸学問が発展をみせ，現世肯定的な町人文化が開花することになった。

2 儒学の隆盛

儒学，とりわけ中国の朱熹（朱子）が体系化した朱子学（鎌倉時代末期に宋学として伝来，→ p.107）は，体制の維持を図るのに有用な**教学**（教育と学問）として重視された。

たとえば5代将軍徳川綱吉は，林羅山が上野忍ヶ岡に設けた孔子廟と林家の私塾を湯島に移し，羅山の孫林信篤（鳳岡）を大学頭に任じている。このことからもわかるように（→ p.131），文治主義的政策が採用されはじめたころから，江戸幕府は積極的に儒学の奨励に乗りだした。

> **要点**
>
> ❶ **朱子学** 林家の系統以外に，**山崎闇斎**（神道を儒教流に解釈して**垂加神道**を創始）・**野中兼山**らが活躍した。
>
> ❷ **陽明学** 明の王陽明が創始し，**中江藤樹**（日本陽明学の祖）やその門人**熊沢蕃山**らによって受容された。**陽明学**は，その中心思想である「知行合一」（認識と実践は不可分）の主張にみられるように，現実を批判して矛盾を改めようとする革新性をもち，蕃山も主著『大学或問』で武士土着論を説いて幕政を批判したとして処罰された（下総古河に幽閉）。

3 古学の誕生

朱子学や陽明学といった，中国の宋代・明代における儒学解釈をしりぞけ，孔子・孟子の教えへの復帰を主張した人々を，総称して古学派といい，彼ら

は日本独自の儒学をつくりだしていった。代表的な古学者には，山鹿素行，伊藤仁斎，荻生徂徠とその弟子太宰春台らがいる。

> 要点
>
> ❶ **山鹿素行** 朱子学を批判した『聖教要録』を刊行(聖学)。このため，赤穂に配流された。また，中国における王朝の交替(明から清へ＝「華夷変態」，→p.141)などを背景に，『中朝事実』のなかで日本こそが「中華」であると主張した。
>
> ❷ **伊藤仁斎・東涯** 京都堀川に私塾古義堂を開設。古学を唱え，門弟3000人余を数える一大勢力を形成した(堀川学派＝古義学派)。
>
> ❸ **荻生徂徠** 江戸に私塾蘐園塾を開設。徂徠は，柳沢吉保や徳川吉宗に用いられるなど政治とのかかわりも深く，吉宗の諮問に応じて『政談』(武士土着論などを展開した経世論，経世論とは統治の具体策をいう)を著した。この学派のことを，古文辞学派あるいは蘐園学派という。
>
> ❹ **太宰春台** 江戸時代中期の儒学者。信濃国飯田藩出身。1711年，江戸に出て荻生徂徠のもとで古文辞学を学び，徂徠の後継者とみなされるようになった。主著に，商品経済の発展に即応した藩専売制を採用して富国強兵を積極的に図るべきだという経世論を説いた『経済録』などがある。

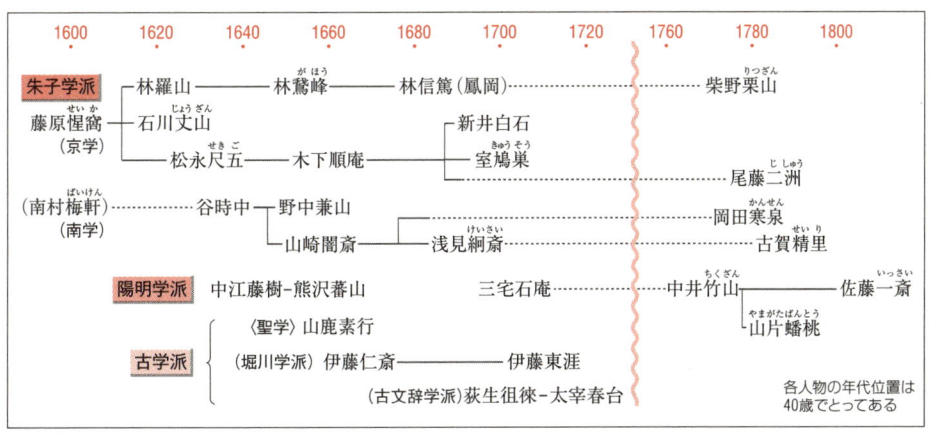

儒学者系統図

	1600	1620	1640	1660	1680	1700	1720	1760	1780	1800
朱子学派		林羅山	林鵞峰		林信篤(鳳岡)				柴野栗山	
(京学)	藤原惺窩	石川丈山			新井白石					
		松永尺五		木下順庵	室鳩巣				尾藤二洲	
(南学)	(南村梅軒)	谷時中	野中兼山						岡田寒泉	
			山崎闇斎	浅見絅斎					古賀精里	
陽明学派		中江藤樹-熊沢蕃山			三宅石庵			中井竹山	佐藤一斎	
								山片蟠桃		
古学派		〈聖学〉山鹿素行								
		(堀川学派)伊藤仁斎			伊藤東涯					
		(古文辞学派)荻生徂徠-太宰春台								

各人物の年代位置は40歳でとってある

4 諸学問の発展

儒学は合理的思考を重視する学問だった。元禄文化の時代には，歴史や古典の研究，さらに本草学・農学・数学・天文学など自然科学の探求が進展するが，合理を重んじる儒学の隆盛はそうした諸学問の発展をうながす原動力になった，と考えられる。

> **要点**
>
> ❶ **歴史** 新井白石が摂関政治の開始から江戸幕府の成立までの政治史を論じた『**読史余論**』(→p.146) を著し，独自の時代区分論を展開した。
>
> ❷ **自然科学** 経済の発展を背景に，実学(日々の生活に実際に有用な学問)が求められるようになった。**貝原益軒**『**大和本草**』(**本草学**＝博物学)，**宮崎安貞**『**農業全書**』(農書)など多数の書物が出版され，また，日本独自の数学である**和算**を大成した**関孝和**，日本独自の暦である**貞享暦**を作成した**渋川春海**(**安井算哲**，→p.144)など，多様な分野で活躍する人物があらわれた。
>
> ❸ **古典研究** 『万葉集』を精緻に分析した**契沖**，『源氏物語』などを研究した**北村季吟**など，日本の古典研究も進み，のちに国学として本格化した。

5 町人文化

　町人文化にも目を向けておく。代表的な作家として，**浮世草子**と呼ばれる小説を創始・発展させた**井原西鶴**，俳諧を言葉の遊びから詩的世界へと高めて**蕉風(正風)俳諧**を確立した**松尾芭蕉**，人形浄瑠璃や歌舞伎の脚本に多数の名作を残した**近松門左衛門**の3人があげられる。

　元禄期の町人文化には，(a)上方(大坂・京都)を中心に，**経済力をもつ町人層に支えられながら豊かさを増したこと**，(b)人間的な欲望を肯定し，現実を直視しようとする傾向が強いこと，といった特徴があることを確認しておきたい。

> **要点**
>
> ❶ **人形浄瑠璃** 人形浄瑠璃(→p.121)は，元禄時代，大坂に**竹本義太夫**が登場して，**義太夫節**と呼ばれる独特の語り方を確立した。
>
> ❷ **歌舞伎** 歌舞伎(→p.121, 180)も，江戸・上方に常設の**芝居小屋**がおかれ，**荒事**(超人的な強さを表現する勇壮な演技)や**和事**(恋愛描写を中心にした優美な演技)，女形などを得意とする名優が登場した。

6 元禄美術

　絵画では，朝廷絵師の**土佐光起**(土佐派＝応仁の乱後に形成された大和絵

の一流派，→ p.106)や幕府の御用絵師になった**住吉如慶・具慶**が活躍した。また，京都では**尾形光琳**が見事な装飾画を大成し(流派として**琳派**を確立)，江戸では**菱川師宣**によって**浮世絵**版画(→ p.181)が始められた。

　陶器では，**上絵付法**(→ p.132)をもとにして華やかな**色絵**を**野々村仁清**が完成し(京焼)，仁清に学んだ**尾形乾山**(光琳の弟)も自由で芸術性の高い作品を残した。また，染物では**宮崎友禅**が考案したとされる**友禅染**(京染の一つ)によって，色鮮やかで自由な図柄をもつ布地が生みだされた。

『紅白梅図屏風』(尾形光琳筆)

重要用語

□元禄文化　□教学　□山崎闇斎　□垂加神道　□野中兼山　□中江藤樹
□熊沢蕃山　□陽明学　□山鹿素行　□伊藤仁斎　□荻生徂徠　□太宰春台
□経世論　□『読史余論』　□貝原益軒　□本草学　□宮崎安貞　□和算
□関孝和　□貞享暦　□渋川春海(安井算哲)　□契沖　□北村季吟
□浮世草子　□井原西鶴　□蕉風(正風)俳諧　□松尾芭蕉　□近松門左衛門
□竹本義太夫　□義太夫節　□芝居小屋　□荒事　□和事　□土佐光起
□住吉如慶・具慶　□尾形光琳　□琳派　□菱川師宣　□浮世絵　□上絵付法
□色絵　□野々村仁清　□尾形乾山　□宮崎友禅　□友禅染

MEMO

7．元禄文化(17世紀後半〜18世紀前半)

8 幕政改革と社会の変動

1 享保の改革の基本的性格

　17世紀後半以降，商品経済のめざましい発展のなかで，農村の構造にも大きな変化がみられるようになってきた。土地を質入れして没落する農民が多数生じる一方で，**豪農**層が奉公人などを雇ってみずから経営する**地主手作**に加えて，田畑を小作人に貸して高率の小作料をとる**地主**もあらわれ，小農経営を基本とする本百姓体制が危機を迎えることになった。

　変化は農村だけにとどまらなかった。急速な経済成長は「**米価安の諸色高**（物価高のこと）」と呼ばれる状況を生みだし，大量の米納年貢を換金せざるをえない幕府・諸藩・武士は，収入の停滞と支出の増大という事態に直面した。このため財政難が恒常化し，武士の生活も困窮の度合いを深めていった。

　享保の改革（1716～45年）は，こうした状況を打開しようとする改革だった。紀伊藩主から8代将軍に就任した**徳川吉宗**は，支配秩序の再建や財政難の克服をめざす政策を本格的に実施した。

　代表的な施策として，(a)**相対済し令**（増大する金銀貸借の訴訟を当事者間で解決させるための法令）の発令や**目安箱**の設置（**小石川養生所**の新設などを実現），**公事方御定書**（基本法令・判例集）の編纂など，幕政・法制の整備，(b)**上げ米**の実行や**定免法**の採用，**新田開発**など，本格的かつ全面的な財政再

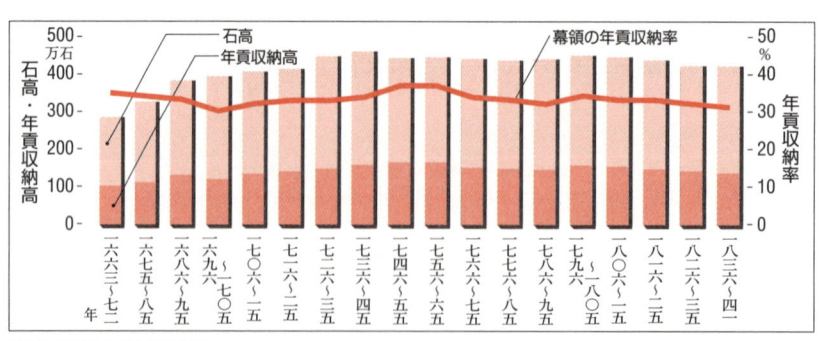

幕領の石高と年貢収納高

建策の実施，(c)町火消(江戸の町方における自治的な消防組織)の設置，(d)三卿(田安家・一橋家・清水家)の創設，などを指摘することができる。

要点

❶ 上げ米(制)の実施 全国の諸大名に石高1万石につき100石ずつ米穀の上納を命じた緊急の財政対策(上納された米は年間18万7000石)。上げ米の実施期間中(1722～30年)は，大名負担を軽減するため，参勤交代の在府(江戸滞在)期間が半減され，原則として在府半年・在国一年半とされた。

なお，上げ米という緊急の財政補塡策は，すべての大名領を課税対象とした点などに重要な意義があったが，一方で吉宗自身が「御恥辱を顧みられず」実行すると述べていることからもわかるように，幕藩体制の原則(大名知行制)という観点からみると，主君たる将軍が従者である大名にいわば物を乞うことになり，重大な問題を内包するものだった。

❷ 足高の制の設定 足高の制とは，旗本が就任する役職に一定の石高を定め，この基準に達しない者を就任させる場合には，在職期間中のみ不足分の石高を支給する制度をいう(従来は家格ごと引きあげて世襲家禄を加増する措置をとっていた)。これによって，幕府の財政負担を抑制しながら人材の登用を容易にしようとした。

❸ 定免法の採用 幕領で享保改革期に実施された定免法とは，過去数年間の収穫量の平均を基礎として豊凶にかかわらず一定の年貢を賦課する方法。上層農民が手元に剰余を蓄積させる効果があるため，同時に，年貢率の引上げが図られた。この定免法は，一方で下層農民には不利となり，農民の階層分化をいっそう助長した。

なお，従来は検見法と呼ばれる徴租法が用いられていた。これは，それぞれの耕地の石高を基礎にして毎年作柄を調査し，年貢高を決定する方法で，正確に年貢を徴収できるはずだったが，実際には，(a)調査費用が多額にのぼる，(b)調査に時間がかかって収穫時期を失することがある，(c)不正が生じやすいといった問題を抱えていた。

❹ 新田開発の奨励 耕地の拡大を狙って，富裕な町人などに新田開発を呼びかける高札が江戸日本橋に掲げられた(町人請負新田)。

❺ 堂島米市場の公認 元禄期に成立した大坂堂島の米市場を公認した幕府は，米需要を高める政策を展開することで，米価の上昇・維持を図った。

❻ 株仲間の公認 幕府は，物価の引下げを主な目的として，米・木綿などをあつかう江戸の諸商人に対し，品目ごとに株仲間(幕府などの公認により独占的営業を認められた商工業者の同業組織)の結成を命じた。

❼ 実学の奨励 甘藷(サツマイモのこと)・さとうきび・櫨(果実がろうそくの蠟に加工された)・朝鮮人参の栽培など新しい産業に注目し，また，漢訳洋書の輸入制限を緩める措置もとられた(→ p.177)。

❽ 質流れ禁令 幕府は，質入れ・質流しにより田畑の事実上の売買が横行している状況に対して田畑永代売買の禁止の徹底を図って，1722年，質流れ禁令を発令した。

しかし，土地を質入れして没落した農民たちのあいだでは，これを一種の徳政令だと解する動きが広まり，質地取戻しの暴動が発生したため，同令は1723年に撤廃され，以後，質流れ形式の田畑売買が黙認される

8．幕政改革と社会の変動　163

ことになった。

❾ 享保の改革の結果　吉宗の改革は，幕府の年貢収納量が近世を通じて最高になるなど，かなりの成果をあげることに成功した。しかし一方で，これらの改革は商品経済の発展をいっそう刺激する性格をもつものだったため，貧富の差が拡大し，百姓一揆などの頻発を招いていくことになった。

2 百姓たちの運動

　江戸時代は，"訴"の社会であるとしばしば形容される。通常の訴願からはじまって直訴にいたるまで，"訴"の制度が広く認められていったからである。それは，問題の解決にあたって，中世社会のような武装した者同士による実力闘争ではない，つまり自力救済を是とする世界とは性格の異なる，新しい社会システムが形成されたことを意味している。

　百姓一揆に代表される，この時代の百姓たちの運動は，通常，次のような展開をみせたといわれる。それは，力量を高めた民衆による，幕藩領主側への不断の"訴"であったととらえることが可能である。これによって新しい社会システムは，その持続性を強めることになったと考えられている。

要点

❶ 初期　農民の要求・利害を代表した村役人などが，年貢増徴の廃止や代官の交代などを求めて領主などに直訴する代表越訴型一揆が中心だった。指導者は義民として伝説化することもあったが，この形態の一揆の多くは史料が残されていないため，史実を疑う見解もある。また当時の幕藩領主の処罰規定から判断すると，越訴者への処罰が厳格すぎるなど疑念も多く，代表越訴型一揆という概念そのものの成り立ちが再検討の対象になっている。

❷ 中期　年貢増徴や新税の廃止，専売制の撤廃などを掲げて村民の大多数が参加する，大規模な惣百姓一揆が頻発した。

❸ 前・中・後期　村役人層の村政運営のあり方を一般の百姓が追及した運動のことを，村方騒動という。村政の民主的かつ公正な運営を求める百姓たちが村役人の不正を摘発して領主に訴えでるケースが多い。教科書では，村方騒動をおもに18世紀中の出来事として記述しているが，実際には，諸帳簿の公開・年貢の割付けなどをめぐる村役人層と一般の百姓との争論は，江戸時代の初期から多発していた。中期以降，農村の階層分化が進展すると，村方騒動は村内の主導権争いという傾向が強くなり，また近代における小作争議の原型ともいえる地主対小作人という対立も次第に顕在化していった。

❹ 後期　株仲間の流通独占に反対して自由

な売買などを求める国訴が畿内などに広がった。農村で成長した商人である在郷商人の指導によって農民たちが郡や国単位で連合した例も多く，合法的な訴願運動を大規模に展開した。

❺ **幕末** 幕末期の政治・経済の混乱や民衆への尊王思想の浸透などを背景に，土地の再配分・村役人の追放・新税反対などを要求する世直し一揆が一般化した。貧農層が中心となって，地主・村役人・特権商人などを暴力的に襲撃する形態が多い。

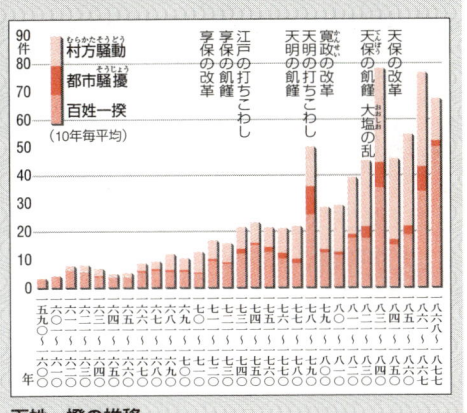

百姓一揆の推移

3 田沼政治

　18世紀にはいると，各地の農村では，享保の改革による年貢の増徴や貨幣経済の浸透による貧富の差の拡大に，凶作や飢饉（1732年の享保の飢饉など）が重なったため，貧農層の増加が顕著になっていった。百姓一揆も激化し，広範な農民の蜂起を特徴とする惣百姓一揆などが多発する状況が生まれ，また，都市では打ちこわしが激しさを増していった。

　田沼意次が10代将軍徳川家治のもとで政治の実権を握ったのは，こうした危機の時代のことだった（田沼時代，1767〜86年）。

　この時代，享保の改革により年貢増徴政策が限界に達したなかで，どのようにして財政難を解決するかが幕政の課題になっていた。側用人から老中となった田沼意次は，発展しつつある商品経済に依拠しながら，積極的な経済政策を展開して破綻しつつあった幕府財政を再建しようとした。また，田沼政治期における主要政策の多くは，享保の改革の路線を継承・発展させたものだった点にも注意しておきたい。

要点

❶ **専売制の拡張** 銅・鉄・真鍮・朝鮮人参の座を設置するなど，幕府の専売制を拡張。

❷ **株仲間の大量公認** 株仲間（→p.163）を大量に公認して運上・冥加（営業税）の増収

をめざした。享保の改革で商工業者の株仲間結成が奨励され、これが田沼政治のもとでの株仲間の積極的な公認につながった。

❸ 南鐐二朱銀の鋳造・発行　1772年に南鐐二朱銀が鋳造された。南鐐二朱銀は、金貨の単位で通用価値が表示された計数銀貨（金貨の単位「朱」の表示をもつ計数貨幣化された銀貨）だった点に最大の特徴がある。この計数銀貨は、信用を高めるために、「舶来の特別の良質銀」を意味する「南鐐」という名称をもち、品位も98％と極めて高く、純銀そのものと形容してもよい品質を有していた。この貨幣の流通によって、近世社会における金・銀の貨幣使用の二元的状態の一元化（金貨を軸とする統一的貨幣制度＝金貨本位制の確立）が期待された（→p.151〜152）。

❹ 長崎貿易の拡大　銅・俵物での支払いを奨励し、金銀の輸入を促進しようとした。

❺ 新田開発　大商人の資金を活用して下総の印旛沼・手賀沼の干拓（新田開発）を企図したが、いずれも失敗に終わった。

❻ 蝦夷地開発・対露交易の追求　工藤平助『赤蝦夷風説考』の提言（→p.178）に注目し、1786年に最上徳内らを千島に派遣した。

発展　株仲間

　株仲間は、支配者が公認した一種のカルテル（同一業種の各経営体が独占的利益を得ることを目的に価格・生産・販路などをめぐって連合する形態）と形容してもよい性格をもち、その構成員数は限定され、新規の加入は困難だった。仲間内には行事・年寄・肝煎などと呼ばれる責任者がおかれ、月番などの交代制で事務処理を担当した。

　享保の改革における株仲間の公認は市場統制による物価対策を意図していたものの、組織のもつ本質的な性格は異なるベクトルをもち、また商人たちが幕府の思惑どおりに行動するはずもなかったため、株仲間は利益の独占を確実に進行させていった。田沼政治の時代に、運上・冥加の上納を条件に大量に株仲間が公認されたのは、この側面に着目した政策だった。商業利潤の一部を徴収することで、財政難に苦しむ幕府は新たな財源を少しでも確保しようとしたのである。

　ただし、江戸時代の株仲間は単に利益を独占的に貪るためだけに存在したわけではなかった。株仲間は、幕府などから特権商人として流通などの独占を認められる代わりに、商品の安定供給を維持する点で重要な役割を果たしていたと考えられている。凶作などの影響で物資の流通にしばしば極端な変動が起きていた時代にあって、株仲間が存在することの社会的な意義は決して小さなものではなかった。

発展　南鐐二朱銀のもたらした影響

　現実には長期にわたる銀貨使用の伝統を短期間のうちに変更するのは容易なことではなかったが、南鐐二朱銀鋳造を契機として、金貨に対する銀貨の補助貨幣化が徐々に本格化していくことになった。

　以後幕末までに、何度か計数銀貨が発行されている。それらはいずれも利便性の高さから人々にも歓迎され（ただし金銀相場の変動による利益を狙う両替商には不評だった）、また、計数銀貨の鋳造に際して大量の丁銀が鋳潰されたため、1830年代には銀貨の約9割を計数銀貨が占めるようになったと考えられている。

4 寛政の改革の基本的性格と主要政策

　田沼意次の実利を重視した政治は，商品経済の発展という現実に適合的な側面をもっていたが，結果として賄賂の横行を生み，そこに天災や飢饉（**天明の飢饉**，1782〜87年）の深刻な影響も加わって，人々から激しい非難を浴びることになった。

　意次が失脚すると，徳川吉宗の孫の**松平定信**が老中首座となって**寛政の改革**を実行した（1787〜93年）。彼は，田沼政治を排して思想・学問・風俗を統制し，農村復興や貧民・旗本救済のための政策などを展開した。

　またこの時期には，諸藩でも，財政難を克服して藩権力の復興をめざす藩政改革が広くおこなわれた。そこでは，農村復興策の展開や特産物生産の奨励・**藩専売制**の強化がめざされ，藩校での有能な人材の育成などに力がそそがれた。

　全体として，松平定信が実行した寛政の改革は統制色の強いきびしいものだった。それは人々の不満を高め，定信の改革政治は6年ほどで挫折を余儀なくされる。しかし定信自身は，以後も学芸に親しみ，『宇下人言』と題された自叙伝を残すことになった。

要点

❶ **寛政異学の禁**　湯島の聖堂学問所（→p.144）に対して，朱子学以外の儒学（異学）の講義・研究を禁じた（**寛政異学の禁**）。
　さらに寛政の改革後の1797年，聖堂学問所自体が幕府直営（官立）の教育機関とされ，旗本の子弟の教育を主な目的とする学校として，昌平坂学問所（昌平黌）と称されることになった。

❷ **海防問題の発生**　1792年，海岸防備を説いた林子平（『三国通覧図説』『海国兵談』）を処罰。数カ月後，ラクスマンが大黒屋光太夫をともない根室に来航した。

❸ **農村復興・飢饉対策**　百姓の出稼ぎ制限，全国での公金貸付に加え，各地に社倉・義倉を設けて米穀を蓄えさせた（**囲米**）。公金貸付の内容は，総額約15万両の資金を，諸国の代官を通じて豪農層に貸付け，その利子収入で耕地の復旧や農村人口の増加のための政策を実施するというものだった。

❹ **江戸における下層民対策**　打ちこわしの発生に対処するため，人足寄場の設置，**旧里帰農令**の発令，**七分積金**の実施など諸政策がとられた。

❺ **風俗統制**　出版統制令を発して，洒落本

作家の山東京伝(『仕懸文庫』)、黄表紙の恋川春町(『金々先生栄花夢』)らを弾圧した(→p.181)。

❻ 旗本・御家人救済　棄捐令により、旗本・御家人の債務を札差に破棄・軽減させた。札差とは、幕府の米蔵付近(浅草)に店舗を構え、旗本・御家人がうけとる蔵米(扶持米)の受取・売却などをおこなった商人のこと。蔵宿ともいう。

❼ 尊号一件　1789年、朝廷は光格天皇の実父である閑院宮典仁親王に太上天皇の尊号を宣下したいと幕府に伝え、同意を求めた。禁中並公家諸法度の第2条には、「三公の下は親王」とあり、この規定にしたがえば、閑院宮典仁親王は光格天皇の実父でありながら、臣下である三公(太政大臣、左・右大臣)の下におかれるという状態が生じる。

光格天皇は、太上天皇号を宣下することで実父を親王の列よりも上位におくことを望んだ。

朝廷からの要請をうけた定信は、天皇の地位に就いていない親王への尊号の宣下に反対した。しかし、尊号宣下の要求は収まらず、大半の公卿の支持に支えられた朝廷側が尊号宣下の動きを強めると、定信は、1793年に武家伝奏(→p.127)らを処罰する措置をとった。

武家伝奏の処罰は、朝幕関係の安定を長く支えてきた統制機構を幕府側が否定することを意味し、また、尊号一件の過程で朝廷がみせた行動は、幕府の同意を得ながら物事を進めるという伝統的な姿勢を朝廷側が否定する性格を帯びていた。

5 寛政の改革における都市政策

　寛政の改革における諸政策のなかでもっとも大切なのは、江戸における下層民対策である。松平定信の頭のなかには、改革開始直前に発生した大規模な打ちこわし(1787年の天明の打ちこわし)の強烈な印象が焼きついていた。この年、江戸市中でも米屋や富商が次々に襲撃されて打ちこわしが頂点に達し、一時、幕府権力の中心地である江戸は無政府状態におちいった。寛政の改革はしばしば「打ちこわしが生んだ改革」と形容され、この危機を打開するため、江戸で都市下層民を対象とした本格的な社会政策が立案・実行されることになったのである。

　江戸の下層民を対象とした社会政策の詳細は次に示したとおりだが、そこには、旧里帰農令を発して下層民流入に歯止めをかけ、人足寄場を設置して打ちこわし予備軍を隔離し、七分積金によって非常時の下層民蜂起を未然にくいとめる、という関係があったことも理解しておきたい。

> 要点
>
> ❶ **旧里帰農令** 江戸への流入民に対し，旅費・農具代を支給して帰村をうながした。この政策は江戸の治安対策であると同時に，農村人口の回復をめざす小農経営再建策でもあったが，実際に帰村したのは4人にとどまったという。
>
> ❷ **人足寄場** 無宿人などを強制収容し，社会復帰のための職業指導をおこなう施設。隅田川河口の石川島に設置された。
>
> ❸ **七分積金** 江戸町入用を節約させて，節約分の7割を積み立てさせ，この資金を町会所で運用し，日常的には低利金融をおこなうとともに，飢饉などの際には貧民救済のために活用した。以後，江戸の町会所は災害や飢饉・物価高騰時などにしばしば金銭や米を放出する救済活動を展開し，それは江戸の民心を安定させるうえで，かなりの効果を発揮したと考えられている。

6 危機の深化・広域化

　18世紀末（寛政の改革失敗，1793年）から19世紀前半（天保の改革開始，1841年）にかけての，文化・文政時代を中心とする11代将軍家斉の治世（約50年間）を大御所時代，その政治を**大御所政治**と呼んでいる。

　文政年間（1818〜30年）にはいると，品位の劣る貨幣が鋳造されて大量に流通し，将軍や大奥の生活が華美になった。商人の活動も活発化し，都市（江戸）を中心に庶民文化の花が開くことにもなった（化政文化）。

　こうして危機に対処する政治がおこなわれないまま享楽的風潮が高まるなかで，この時代には，江戸をとりまく関東の農村が無宿人や博徒らによる治安の乱れに直面し，大きな問題になっていた。

　もう少し詳しく述べると，18世紀後半以降，貨幣経済と商品流通の発展の結果，関東の農村では，この波に乗って成長した富農層が登場する一方で，波に飲みこまれて没落した貧農層も大量に生みだされていた。そこに，天明の飢饉（1782〜87年）などの災害が重なって，この状況に拍車がかかっていく。農村人口の減少と荒廃地の増加が顕著になり，**関東の農村は解体の危機**に瀕するようになったのである。

　二宮尊徳が主張・実践した**報徳仕法**や，**大原幽学**が主張・実践した**性学**にもとづく活動は，こうしたなかで試みられた農村復興運動である。一方で，没落した離村農民たちは，都市に流入したり，江戸周辺の無宿人・博徒とし

ていわば遊民化したりするなど，いずれにしても社会不安を増大させ，治安を著しく脅かすようになった。

こうした深刻な情勢に対応するために設けられたのが，**関東取締出役**（八州廻り）と**寄場組合**（改革組合村）である。

> **要点**
>
> ❶ **関東取締出役（八州廻り）** 1805年新設。関八州（関東の8カ国＝武蔵・相模・上野・下野・上総・下総・安房・常陸）を対象に，領主の区別なく無宿人や博徒の逮捕や取締りをおこなった。
>
> ❷ **寄場組合（改革組合村）** 治安や風俗の取締り，農村の秩序維持などを担う，関東取締出役の下部組織。支配体制の再編・強化を図る幕府が1827年に編成を命じ，行政上の末端に位置づけられた。知行形態の枠組みを超えて村々が組織され，従来の共同体的な自主的村落連合をとりこんだうえで村方の自治能力に運営が委ねられた。
>
> 関東農村の荒廃・治安悪化
> 貧農の拡大→無宿人の増大
>
> 関東取締出役＝広域警察力の強化
>
> 大組合 ─ 10前後の小組合
> 大惣代（寄場役人）
> 小惣代（名主）｜小惣代（名主）｜小惣代（名主）
> 5〜6カ村｜5〜6カ村｜5〜6カ村
> 小組合｜小組合｜小組合
>
> 治安維持
>
> 関東取締出役と寄場組合

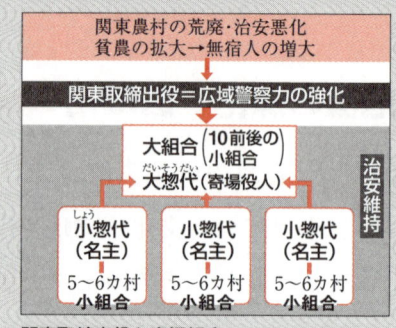

7 大塩の乱

天保の飢饉（1832〜36年）によって都市民が困窮するなかで，1837年，大坂で**大塩の乱**が発生した。

大塩の乱の最大の衝撃は，大坂町奉行の元与力で，著名な陽明学者（→ p.158）でもあった**大塩平八郎**が，大坂という大都市で反乱を起こしたことである。いいかえると，支配身分に属し，かつ学者でもあった人物が最大の経済都市「天下の台所」で公然と権力に反旗を翻したことになる。こうした性格をもつ事件が発生したのは，幕府開設以来，初めてのことだった。

> **要点**
>
> ❶ **檄文** 大塩の乱の衝撃は，それだけにはとどまらない。天保の飢饉（1832〜36年）に際しての都市民の困窮に，当時の大坂町奉行は何ら有効な手立てを講じようとしなか

った。そればかりか，新将軍宣下の儀式の費用のために江戸廻米の命令をうけると，大坂市中の惨状を無視してそれに応じたのだった。

こうした市中の諸役人やこれと結託した特権豪商を誅伐するため，大塩は，私塾「洗心洞」の門弟20人ほどとともに挙兵したが，その際，蔵書の売却代金を近隣の農民にあらかじめ分け与えたうえで，決起にあたって以下のような檄文を飛ばし，彼らに参加をうながすという手段をとった。

> 蟄居の我等最早堪忍成難く，……此の度有志の者と申合せ，下民を悩まし苦しめ候諸役人共を誅戮致し，引続き奢に長じ居候大坂市中金持の町人共を誅戮すべく候間，……何日にても大坂市中に騒動起り候と聞得候，里数を厭ず一刻も早く大坂へ向け一馳参り候面々へ右米金分遣し申すべく候。
>
> 【大意】蟄居していた我々ももはや我慢できなくなり，……そこで有志と申し合わせて人々を苦しめている諸役人を倒し，さらに贅沢をやめない大坂市中の金持町人を倒すつもりであるので……大坂で騒動がおきていると聞いたら，距離を気にせず，真っ先に大坂へ駆けつけた者へ，右の金と米を分け与えるものである。

こうした檄文の効果もあって，大塩一党は一時的には300人ほどに達した。厳しい身分秩序を前提とした近世社会にあって，こうしたタテの結合を組織しようという試みは支配層に相当の恐怖を与えたものと考えられる。

❷ 連鎖反応　乱そのものは大坂市中で小競り合い程度の市街戦が展開されただけで短期間のうちに鎮圧され，首謀者の大塩も，約40日後，潜伏先を探知されて用意していた爆薬で焼死した。ただし兵火（大塩は決起の際に自邸を焼き払った）は乱発生の翌日夜まで燃えつづけ，市中の5分の1を焼いたと伝えられている。

のちの多様な連鎖反応をみても，大塩の乱の与えた衝撃を知ることができる。民衆の動きについては，(a)「大塩平八郎門弟」の幟を掲げた備後の三原一揆，(b)「大塩平八郎門弟」を名乗った越後柏崎の生田万の乱，(c)「徳政大塩味方」を標榜した摂津の能勢一揆（山田屋大助一揆），などがある。

また，檄文はひそかに書写されて相当広範囲の人々の目に触れたようである。たとえば，経世思想家の佐藤信淵はのちに檄文冒頭部分をみずからの著作の多くに引用している。そしておそらく，乱のもつ衝撃度をもっともよく物語る具体例は，大塩一党の武力行使が幕府に天保の改革を迫る最大の契機になったことだろう。

8 天保の改革の基本的性格と主要政策

19世紀前半，国内では天保の飢饉のなかで離村農民や下層町人の増大，百姓一揆や打ちこわしの頻発が顕著となり，一方，対外面では異国船の出没が相次ぐ状況になっていた。こうした「内憂外患」という社会情勢のなかで，1841年，老中の水野忠邦が幕藩体制の再建をめざす改革（天保の改革）に着手した。

要点

❶ **人返しの法** 出稼ぎ・奉公を抑制し、江戸に流入した離村農民を農村に返すこと(**人返しの法**)で、農村の荒廃を回復しようとした。

❷ **株仲間解散令(1841年)** 商取引を自由化し、物価引下げの実現をめざしたものだったが、**株仲間の解散**は商品流通の混乱を招き、かえって物価を高騰させた。10年後の1851年、株仲間解散令が事実上無視されるなかで、幕府は、商品流通の阻害を避けるという名目で、株仲間の再興を許した。

❸ **綱紀の粛正** 『春色梅児誉美』(人情本)の作者為永春水が処罰され、柳亭種彦の『修紫田舎源氏』(合巻)も発禁処分となった(→ p.181)。

❹ **旗本・御家人救済** ふたたび**棄捐令**(→ p.167)がだされた。

❺ **天保の薪水給与令(1842年)** 日本に来航する外国船に対する政策を転換して、文化の撫恤令に復帰した。

❻ **上知令(1843年)** **上知令**とは、大名・旗本領が錯綜して存在する江戸・大坂周辺の土地を整理して幕府の直轄領に編入しようとする政策をいう。

政治的には、大名・旗本に代替地を用意し、知行替えの強行によって**幕府権威の再確認**をねらった。また、生産力の高い地域を幕領化することで、**幕府財政の強化**をはかり、あわせてアヘン戦争での清の敗北に対応して**江戸・大坂周辺の防備・治安体制を整えようした**。

しかし、経済的に不利となる大名・旗本の反発だけでなく、先納年貢の無効を恐れる江戸・大坂周辺の農民や、大名・旗本の抱える借金を踏み倒されたくない商人の猛反対によって、この法令は撤回を余儀なくされ、直後に水野忠邦も失脚。天保の改革は挫折していくことになった。

発展 印旛沼掘割工事と上知令

「内憂外患」が本格化した天保改革における上知令(1843年)は、実は、印旛沼の干拓工事(印旛沼掘割工事)とセットになって打ちだされた政策だった。両者の関係を考えておくことにしたい。

❶ **印旛沼掘割工事** 幕府や蘭学者たちの一部は、外国艦船が江戸湾を封鎖したり、江戸湾に向かう諸国からの廻船を妨害したりした場合、江戸がたちまちのうちにパニックに陥ってしまうと憂慮していた。なぜなら、江戸地廻り経済圏の形成・発達がみられたとはいえ、巨大都市江戸に居住する人々の生活を維持するためには、大量の物資供給が不可欠で、その多くは、南海路を中心とした海上輸送によってもたらされていたからである。

このため天保改革の際には、浦賀水道(房総半島南西部と三浦半島東南部にはさまれた海域)を経由しない物資輸送路の造成が試みられることになった。これが通船を目的とした運河建設事業＝印旛沼掘割工事で、具体的には、太平洋から銚子にはいり、利根川をさかのぼって印旛沼を経由し、新規に開削される掘割を通って検見川を南下し、江戸湾にでて品川に達する、という構想だった。

海防面からみると、この構想には、江戸湾口が外国艦船によって封鎖・攻撃された場合の**緊急補給路を確保する**という狙いも込められていた。

❷ **上知令** 上知の対象となった江戸・大坂周辺は幕領・大名領・旗本領などが錯綜し、当時、そうした状態が統治・支配のための障害になっていた。たとえば、1805年に関東農村の治安維持強化を目的とした関東取締出役(八州廻り)が設けられているが、この組織が幕

領・私領の別なく警察権を行使したところからもわかるように，領地の混在は，この地域の治安悪化を確実に助長していたのである。

そこに外国艦船による港湾封鎖や攻撃が重なったら，それに伴う混乱は，標的となる大都市（江戸あるいは大坂）から，より広範な地域＝後背地（江戸・大坂周辺など都市や港湾の経済的社会的機能が及ぶ地域）へと急速に拡大し，もはや体制の維持は困難になるだろう。さらに沿岸防備のために農民を人足として動員する事態を想定しても，領地の混在は円滑な徴発を妨げるだけだった。

水野忠邦は，対外的な危機に本格的に対処するためには，上知令がどうしても必要だと考えていた。幕府にとって政治・経済両面で決定的に重要な江戸・大坂周辺地域の幕領化は，その統治の一元化を意味することになる。これによって両地域の湾岸防備と後背地の直轄的防衛を可能にする体制を整え，同時に印旛沼掘割工事を通じて新物資輸送ルートを構築することで，幕府が発揮できる危機管理能力の水準を一挙に高めようと図ったのである。

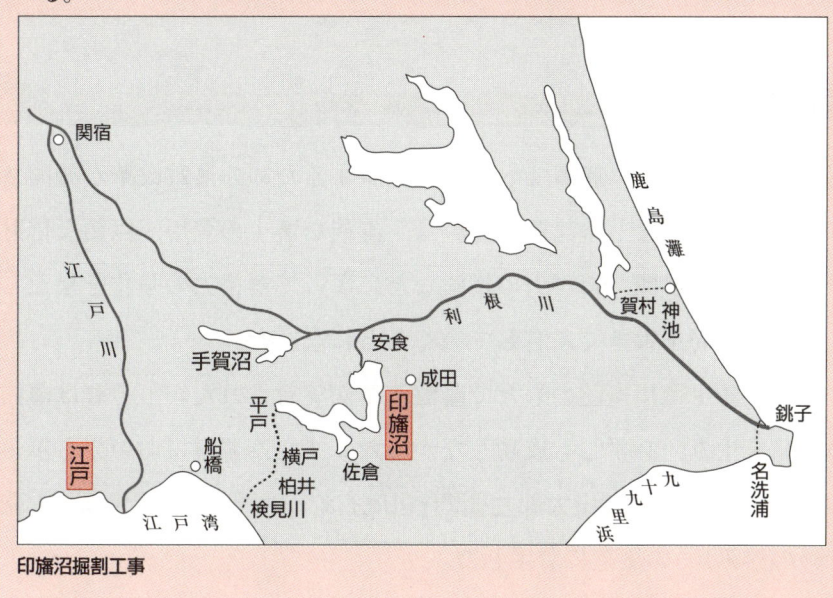

印旛沼掘割工事

9 マニュファクチュアの成立

体制の危機がいっそう深刻化した19世紀は，一方で，新しい動きが生みだされた時代でもあった。天保期前後の時期には，従来からの**問屋制家内工業**に加えて，資本主義的な生産形態である**マニュファクチュア**（工場制手工業）が本格化していく。

> 要点

❶ **問屋制家内工業** 問屋商人が農民などに原料や器具を前貸し, 加工賃を払って生産物を引きとる経営形態をいう。
❷ **マニュファクチュア(工場制手工業)** 地主や問屋商人(資本家)が設置した同一作業場内で, 生産工程を単純な工程にわけ, 賃金労働者が分業にもとづく協業をおこなって商品を生産する形態をいう。農業から離れた奉公人のほか, 女性や子どもまでが賃金労働者として雇われることがあった。ただし, 機械ではなく道具を使用した工業形態であるため, その生産力にはもともと限界があった。
❸ **資本主義の胎動** 酒造業(摂津の伊丹・池田・灘)につづいて, 19世紀には, 綿織物業(大坂周辺や尾張), 絹織物業(桐生・足利など北関東)などでもマニュファクチュアが出現し, さらに幕末期には, 幕府や藩直営の洋式機械工場も設立された。

10 雄藩の成立

　天保期前後の時期には, 諸藩でも危機を克服するための藩政改革が展開された。特に, **薩長土肥**などの諸藩(**雄藩**)は, 有能な藩士の登用, 巨額な借財の整理, **藩営工業**の展開, 軍事力の増強などによって藩権力の強化を果たし, まもなく幕末の政局を大きく左右していくことになった。
　水戸藩でも, 藩主**徳川斉昭**のもとで藩政改革が実行されたが, それは藩内保守派の反発を生み, 必ずしも成功しなかった。また, 幕府においても軍事力の増強が図られ, 代官**江川太郎左衛門**(坦庵)は, 伊豆韮山で**反射炉**(大砲製造のための溶鉱炉)の築造に着手した。

> 要点

❶ **鹿児島(薩摩)藩** 下級武士から登用された**調所広郷**が, 奄美諸島の黒砂糖の専売強化, 琉球貿易などで藩財政を再建。また, 藩主**島津斉彬**のもとで, 反射炉築造など軍事力の強化も図られた。
❷ **萩(長州)藩** **村田清風**が藩政を改革。大坂などに本来運ばれるべき商品(越荷)の購入・委託販売などをおこなう**越荷方**を設置して利益をあげ, 財政再建に成功した。
❸ **佐賀(肥前)藩** 藩主**鍋島直正**のもとで,

佐賀藩の大砲製造所

農地を再配分して本百姓体制の再建を図る**均田制**を実施するなどの改革がおこなわれ，また，反射炉を備えた**大砲製造所**を設立するなど洋式軍事工業の導入も進められた。

❹ 高知（土佐）藩　改革派が登用され，緊縮を旨とする財政再建に努めた。

重要用語

□豪農　□地主手作　□地主　□享保の改革　□徳川吉宗　□相対済し令
□目安箱　□小石川養生所　□公事方御定書　□上げ米　□定免法
□新田開発　□町火消　□三卿　□足高の制　□百姓一揆　□代表越訴型一揆
□義民　□惣百姓一揆　□村方騒動　□享保の飢饉　□打ちこわし
□田沼意次　□田沼時代　□株仲間　□南鐐二朱銀　□工藤平助　□最上徳内
□天明の飢饉　□松平定信　□寛政の改革　□藩専売制　□寛政異学の禁
□囲米　□旧里帰農令　□七分積金　□出版統制令　□棄捐令　□札差
□天明の打ちこわし　□大御所政治　□二宮尊徳　□報徳仕法　□大原幽学
□性学　□関東取締出役　□寄場組合　□天保の飢饉　□大塩の乱
□大塩平八郎　□生田万の乱　□水野忠邦　□天保の改革　□人返しの法
□株仲間の解散　□上知令　□問屋制家内工業　□マニュファクチュア
□薩長土肥　□雄藩　□藩営工業　□徳川斉昭　□江川太郎左衛門　□反射炉
□調所広郷　□島津斉彬　□村田清風　□越荷方　□鍋島直正　□均田制
□大砲製造所

論述問題研究⓫………農書の流布が示す江戸時代の農村状況

設問

　江戸時代には，17世紀末に宮崎安貞の『農業全書』(1697年)が刊行された。この書物は中国の農書の影響を受けながらも，実際の観察と経験にもとづく農業の知識を集大成したものと評価されている。さらに19世紀になると，大蔵永常の『農具便利論』(1822年)や『広益国産考』(1844年)が刊行され，広く全国に流布した。
　このような現象から，江戸時代の農村社会では，どのようなことが起きていたと考えられるか。150字以内で記せ。

（東大，1989年度）

ヒント

　農書というプリズムをとおして，江戸時代における農村社会の状況をまとめる問題。「農業の知識を集大成したもの」「広く全国に流布した」といった記述をヒントにしながら，複数の視点を設定して答案をまとめたい。

8．幕政改革と社会の変動　175

9 ── 宝暦・天明期の文化（18世紀後半）＋化政文化（19世紀前半）

1 化政文化の特徴

　宝暦・天明期の文化とは田沼時代前後の時期（18世紀後半）の文化をいい，**化政文化**とは11代将軍徳川家斉の治世である文化・文政期（19世紀前半）を中心とした文化をいう。いずれも，江戸の繁栄や幕藩体制の動揺などを背景に成立した。

　学問・思想の分野では，体制の危機に直面して新しい批判的精神が高揚していくことになる一方で，**江戸を中心とする多種多様な庶民文化**が最盛期を迎えた。

2 国学の発達

　国学は漢学に対する呼称で，日本古典の研究からはじまった（→ p.160）。**日本古来の精神文化を追究**しようとする国学は，元禄期の僧契沖を先駆とし，**荷田春満・賀茂真淵・本居宣長・平田篤胤**らによって代表され，次第に純粋な日本古来の道（古道）を絶対化する傾向を強めていった。平田篤胤のとなえた排外的な色彩の強い**復古神道**は，幕末・維新期の倒幕・神道国教化運動の思想的原動力になったことで知られている。

　一方，国学には，史学・国文学の研究を大きく前進させた側面もあり，たとえば，真淵に学んだ盲目の学者塙保己一は，幕府から和学講談所の設立を許され，そこで『群書類従』など膨大な古典史料の編纂・刊行をおこなっている。

> **要点**
>
> ❶ 荷田春満　主著に，8代将軍徳川吉宗に対して，春満が国学のための学校建設の必要性を提言したとされる文書「創学校啓」がある。この文書は，「古語」に通じなければ「古義」を明らかにすることはできず，「古義」が明らかにできなければ「古学」を復興することはできないという表現で，国学の基本的な方法論を示すものになっていた。

❷ 平田篤胤　本居宣長の著書を読んで国学を志した平田篤胤は，夢のなかで宣長に会って弟子入りを許されたと語り，宣長没後の門人と称して研究活動を本格化させた。

この夢の話からもうかがえるように，神秘性を重んじた篤胤は，国学の宗教的側面を探求する過程で，ついには神道（復古神道）へとたどりついた。それは，日本を唯一無二の「神国」とする絶対的で排外的な日本中心主義と形容してよいもので，幕末・維新期の尊王攘夷運動の思想的な原動力になっただけでなく，昭和戦前期における国家主義運動にも少なからぬ影響をおよぼした。

❸ 塙保己一　盲目の国学者として知られる塙保己一は，古書を収集・編纂する事業（『群書類従』の編纂）を決意し，さらに国学の学問所である和学講談所を，幕府の許可を得て江戸に設立した。『群書類従』全巻（収録件数1277種，合計666冊）の刊行が完了したのは，事業の開始から40年以上の歳月を経た1819年のことだった。

3 蘭学から洋学へ

　オランダ語を媒介とした蘭学が浸透し，西洋学術全般を研究する洋学へと展開した。蛮社の獄（1839年）などの弾圧もあったが，幕府・民間の双方で次代を支える人材が育成された。

　幕府側では，天文方の設置（→p.144），漢訳洋書の輸入制限の緩和（青木昆陽・野呂元丈らが幕命によりオランダ語を学習）などの措置を経て，文化・文政期には，⒜全国の沿岸を実測して作成された『大日本沿海輿地全図』（伊能忠敬）の完成，⒝洋書の翻訳にあたる蛮書和解御用の設置などの動きがみられた。

　一方，民間でも，西洋医学の解剖書を訳述した『解体新書』（前野良沢・杉田玄白ら），蘭学入門書として多数の読者を得た『蘭学階梯』（大槻玄沢），蘭日辞書である『ハルマ和解』（『波留麻和解』，収録語数6万4035語，全13巻，稲村三伯が中心となって編纂）など，ヨーロッパの学問・文化が実用的で有益な技術・科学を中心に選択的に摂取された。また，摩擦発電器（エレキテル）の実験などで知られる平賀源内が登場したのも，宝暦・天明期のことである。

　さらに，オランダ商館医のドイツ人シーボルトが長崎郊外に開いた鳴滝塾，緒方洪庵が大坂に開いた適々斎塾（適塾）などの蘭学塾からは多くの人材が輩

4 批判的精神の高揚

危機の深化にともない、社会の抱える矛盾への批判やそれを打開しようとする議論が活発になった。

また、儒学の分野では、**古学派**(→ p.158)に加えて、**折衷学派**(先行する諸学派の長所を自在に採用しようとした学派)や**考証学派**(事実や根拠を明確にしていく学問的な態度を重んじた学派)が形成された。

要点

❶ **安藤昌益** 主著『自然真営道』。陸奥八戸の医者。**安藤昌益**は徹底した平等主義に立脚し、万人「直耕」の「自然世」を理想社会だと主張して身分制を否定した。

❷ **工藤平助** 主著『赤蝦夷風説考』(「赤蝦夷」とはロシア人のことを意味する)。対露交易の開始と蝦夷地の開発により、国益を増進させる必要を説く。工藤平助の提言は田沼意次の政策に大きな影響を与えた。

❸ **海保青陵** 主著『稽古談』。**海保青陵**は商品経済の発展を積極的に肯定し、藩営専売などによる藩財政の再建を主張した。

❹ **本多利明** 主著『西域物語』『経世秘策』。**本多利明**は西洋諸国に学び、海外渡航や輸出の促進、国内開発などで経済力をつける必要を強調した。

❺ **佐藤信淵** 主著『経済要録』。**佐藤信淵**は産業の国営や貿易の振興を説き、強固な中央集権制や周辺諸地域を包含した統一国家を構想するなど、体系的な危機打開策を展開した。

5 尊王論と幕政批判

尊王論とは、一般的に君主(天皇)を尊ぶ思想をいうが、江戸時代後期になると、**宝暦事件**や**明和事件**にみられるように、尊王論の立場から幕府を批判する言論がめだつようになった。

要点

❶ **宝暦事件(1758年)** 竹内式部が京都で公家たちに尊王論を説いて、摂家によって追放刑になった事件。

❷ **明和事件(1767年)** 江戸で兵学を講じていた山県大弐が尊王斥覇を説いて幕政を批判したため死罪になった事件。

❸ **水戸学** **水戸学**とは、長期にわたる『大日本史』(→ p.147)編纂の過程で水戸藩に

おいて形成されていった学問をいう。特に、19世紀前半に藤田幽谷や門人の会沢安、子の東湖らによって体系化された尊王攘夷論は、吉田松陰に強い影響を与えるなど、幕末の社会を大きく揺さぶることになった。

6 教育の普及

　生活水準の向上を背景に、教育機関もめざましく充実した。藩士子弟の教育をおもな目的とする**藩校（藩学）**や**郷校（郷学）**、庶民の生活教育の場である**寺子屋**などが多数設立された。

　また、大坂町人の出資で設立された**懐徳堂**は、**富永仲基**や**山片蟠桃**ら異色の町人学者を生んだことで知られる。

要点

❶ 藩校（藩学）　藩士およびその子弟教育のため、諸藩が設立・直営した教育機関。当初の藩校は、武士としての教養・人格の形成を目的に、朱子学を中心とした漢学教育を施したが、寛政改革期前後から、国学・洋学の教授が加えられるなど教育内容が多様化し、同時に設立数も急増していった。

　その背景として、(a)藩が深刻な財政危機に直面し、藩政改革を担えるような有能な藩士育成の必要性が一段と高まったこと、(b)外圧が激化し、欧米列強諸国の経済力・軍事力に真剣に対処すべきだという認識が強まったこと、などが指摘できる。

❷ 寺子屋　庶民に初等教育をおこなう機関。人々の生活の必要から自然発生的に開業され、そこでは、「読み・書き・そろばん」を中心に、日常生活や社会生活に必要な知識・技術・道徳の習得がめざされた。一般に、幕府や諸藩は不干渉であった。庶民生活における識字能力の重要度が増すにつれ、設立数は激増し、女子の参加数も伸び、幕末期には全国に数万の寺子屋が存在したと考えられている。

　都市では町人・浪人などが、農山漁村では僧侶・神官などが教師（師匠と呼ばれた）となったが、多くの師匠は、机に向かう子どもたちの正面に座って文字の書き方を効率的に教えるため、文字を逆さまに書く（倒書）技術を身につけていたという。そこでの師匠と子供たちとの関係は、あくまでも家族的・自発的なものであり、この点で、藩校と性格が違うだけでなく、巨大な制度

おもな藩校（藩学）			
設立地	藩校名	設立者	設立年
萩	明倫館	毛利吉元	1719
仙台	養賢堂	伊達吉村	1736
熊本	時習館	細川重賢	1755
鹿児島	造士館	島津重豪	1773
米沢	興譲館	上杉治憲	1776（1697 藩校創建）
福岡	修猷館	黒田斉隆	1784
秋田	明徳館	佐竹義和	1789（初め明道館）
会津	日新館	松平容頌	1799
庄内	致道館	酒井忠徳	1805
水戸	弘道館	徳川斉昭	1841　開館

の存在を前提とする，近代の学校における関係とも性格が大きく異なっていた。

たとえば，寺子屋における師弟関係は一生継続するものと観念され，師匠の死に際しては感謝の念を込めた記念碑を建てるのが通例であった（数千基が発見されている）。それは，上下の関係が明白な身分制社会の特質を反映した所産ではあったが，一面で同時に，教育を通して培われた人間関係のこまやかさを象徴的に示していると考えられよう。

7 心学の登場

心学とは，18世紀前半に京都の**石田梅岩**が創始した庶民教化の思想をいう。梅岩の思想は，儒学・神道・仏教などの影響をうけながら，実践的な生活倫理をわかりやすく説き，商業の正当性や存在理由などを強調したため，京都やその周辺の富裕な町人層に支持された。その後，心学は梅岩の弟子たちの活躍によって全国に広められていった。

8 文学

小説では滑稽本や読本などの俗文学が人気を博し，詩歌でも川柳や狂歌が盛んになり，庶民の多くが文芸に親しむようになった。また演劇では，歌舞伎（→p.160）の興行が最盛期を迎えた。

耕書堂 江戸の出版社（板元）として知られる蔦屋の店舗を題材にした葛飾北斎の作品。製本中の店員や店先をのぞく客など，活発な出版業の様子が描かれている。

> **要点**

❶ **洒落本** 洒落本は，遊客と遊女の行動や会話を描いた小説。『**仕懸文庫**』(**山東京伝**)などが代表作だが，寛政の改革で弾圧されて衰えた(→p.167)。

❷ **黄表紙** 黄表紙は，世相を題材にして風刺した絵入り小説。

❸ **滑稽本** 滑稽本は，『**東海道中膝栗毛**』(**十返舎一九**)，『**浮世風呂**』(**式亭三馬**)など，庶民の生活を軽妙に叙述した小説。

❹ **人情本** 人情本は，江戸の町人社会を背景にして描かれた恋愛小説。その代表作である『**春色梅児誉美**』を世にだした**為永春水**は，天保の改革で処罰された(→p.172)。

❺ **読本** 読本は，勧善懲悪・因果応報の思想に基づき，歴史や伝説を題材にした文章主体の小説。代表作には，『**雨月物語**』(**上田秋成**)，『**南総里見八犬伝**』(**曲亭馬琴**)などがある。

❻ **俳諧・川柳・狂歌** 俳諧では，絵画的描写を特徴とする与謝蕪村，俗語などを駆使して日々の生活感情を平明に表現した**小林一茶**らが知られる。
　また，17文字を自在に操る庶民文芸である**川柳**や，和歌形式を用いて機知や滑稽を表現した**狂歌**も盛んにつくられた。

9 美術

鈴木春信が創始した**錦絵**の技術によって**浮世絵**の黄金時代が築かれ，**喜多川歌麿**などの絵師が輩出した。

また，明・清の影響をうけた文人画や，**円山応挙**や**呉春**(松村月溪)らによる写生画(実物や実景の写生を重んじた日本画)も多数描かれた。

> **要点**

❶ **錦絵** 庶民的風俗画である浮世絵は，17世紀末に菱川師宣のつくりだした画風によって成立するが，その最大の特色は，大量に印刷される版画(当初は墨一色刷)として廉価で売りだされ，庶民がたやすく入手できるようになったところにある。以後，浮世絵版画の技術はますます精緻となり，ついに極彩色の**多色刷版画が登場**した。この技法のことを錦絵といい，それは鈴木春信によって創始された。色彩効果をあげた浮世絵は書店で安価に大量販売され，題材面でも美人画や役者絵・相撲絵，風景画などが登場し，一般町人に親しまれた。

❷ **代表的浮世絵師** 美人画の**喜多川歌麿**，役者絵・相撲絵の**東洲斎写楽**らが優れた作品を描き，また風景画では**葛飾北斎・歌川広重**らの浮世絵が民衆の旅への関心と結びついて歓迎された。

❸ **文人画** 文人画とは，専門の画家でない文人・学者が描いた絵のことをいう。**池大雅**と与謝蕪村の合作『**十便十宜図**』などが代表作。

❹ **西洋画** 蘭学の発展を背景に，平賀源内らの影響をうけた**司馬江漢**や松平定信に画

才を評価された**亜欧堂田善**が登場するなど，西洋画についての理解も高まった。江漢や田善は**銅版画**(エッチング)の技術を用いた作品も残している。

10 庶民生活

江戸時代の後半になると，生活水準の格差はいっそう激しくなったが，都市では，**芝居小屋**・見世物小屋や**寄席**などでの大衆芸能が盛んになった。

また，寺社の境内は盛り場としても機能し，そこでは**縁日**・**開帳**(秘仏の公開)・**富突**(富くじ)などが催され，多くの参詣客が集まった。農村でも，招福除災を願う講が組織され，日待(日の出を待って拝む行事)・月待(月を拝んで夜を明かす行事)・**庚申講**(庚申の夜を眠らずに過ごす行事)などの集まりがあり，歌舞伎をまねた**村芝居**(地芝居)などとともに娯楽の場になった。

さらに，多数の民衆が爆発的に伊勢神宮を参詣する御蔭参りに示されるように，湯治・物見遊山を兼ねて**寺社参詣**や**巡礼**も盛んにおこなわれた。

重要用語

☐化政文化　☐国学　☐荷田春満　☐賀茂真淵　☐本居宣長　☐平田篤胤
☐復古神道　☐青木昆陽　☐野呂元丈　☐伊能忠敬　☐蛮書和解御用
☐『解体新書』　☐前野良沢　☐杉田玄白　☐『ハルマ和解』　☐稲村三伯
☐平賀源内　☐シーボルト　☐鳴滝塾　☐緒方洪庵　☐適々斎塾　☐古学派
☐折衷学派　☐考証学派　☐安藤昌益　☐海保青陵　☐本多利明　☐佐藤信淵
☐宝暦事件　☐明和事件　☐水戸学　☐吉田松陰　☐藩校　☐郷校　☐寺子屋
☐懐徳堂　☐富永仲基　☐山片蟠桃　☐心学　☐石田梅岩　☐洒落本
☐山東京伝　☐黄表紙　☐滑稽本　☐十返舎一九　☐式亭三馬　☐人情本
☐為永春水　☐読本　☐上田秋成　☐曲亭馬琴　☐小林一茶　☐川柳
☐狂歌　☐鈴木春信　☐錦絵　☐浮世絵　☐円山応挙　☐呉春　☐喜多川歌麿
☐東洲斎写楽　☐葛飾北斎　☐歌川広重　☐池大雅　☐司馬江漢
☐亜欧堂田善　☐銅版画　☐芝居小屋　☐寄席　☐縁日　☐開帳　☐富突
☐庚申講　☐村芝居　☐寺社参詣　☐巡礼

論述問題研究⑫………1840年代の村の変化

　次の文章は，1770年代に生まれたある村の知識人が1840年代に村の変化を書き留めた記録から抜粋し，現代語訳したものである。これを読んで，下記の設問に答えなさい。

　昔，この村には無筆（読み書きのできない）の者が多かった。今では，そのようなことを言っても，誰も本当のことだとは思わないほどである。もっとも，老人にはまだ無筆の人もいるが。以前，たいへん博学な寺の住職が隠居した後に，儒教の書物などを教授することはあったが，そのころは村の人々に余裕がなかったためか，学ぶことは流行しなかった。しかし，そのうちに素読（儒教書などを声を出して読むこと）が流行し，奉公人までが学ぶようになった。さらに現在では，学問，俳諧，和歌，狂歌，生け花，茶の湯，書画などを心がける人が多い。この村では，まことに天地黒白ほどの変化が生まれたが，この村だけではなく世間一般に同じ状況である。

設問

　上の文章のような変化が生まれた背景を，化政文化の特徴にもふれながら150字以内で説明しなさい。

(東大，2001年度)

ヒント

　問題の限定は「化政文化の特徴にもふれながら」になっている。まず考慮しなければならないことは何かを忘れずに，「化政文化の特徴にも」言及することにしたい。

MEMO

論述問題研究　解答例

論述問題研究 ❶ (p.9) 〔解答例〕

この集落は，北側に河川の流れる自然堤防上と低湿地にいち早く移住した人々により形成された。低湿地で排水路を備えた水田が営まれ，鉄器により加工された木製農具が耕作に使用された。水田は初期段階で生産性も低かったため，石器や骨角器を用いた狩猟・漁労も続けられた。また，集落の規模は小さく，階級分化も生じていなかった。河川の氾濫で土砂に埋もれる壊滅的打撃を受けたのち，同じ場所に集落が作られることはなかった。　　　　　　　　　　　　　　　　　　　　（200字）

【別解】食料採取経済を脱していなかった弥生前期，この集落の人々は低地に定住して湿田農耕を開始し，金属器を使用する文明に突入した。しかし狩猟・漁労への依存度が高く，石器・骨角器が主に使用されるなど，なお縄文的生活が残存し，鉄器の利用も木製農具の加工に留まったため，集落規模の拡大や身分・階級の分化は進まなかった。まもなく河川の氾濫により集落が壊滅すると，治水の困難さから新しい定住者はついに登場せずに終わった。　　　　　　　　　　　　　　（200字）

論述問題研究 ❷ (p.28) 〔解答例〕

白村江の戦いでの大敗とその後の国際情勢の緊迫，壬申の乱での吉野側の勝利が軍事力の重大性を際だたせる中で，7世紀後半，初の全国的戸籍である庚午年籍，全国的な班田開始の起点になった庚寅年籍など戸籍作成が推進された。一方，律令国家の軍事体制である軍団制は，戸を単位として正丁を徴兵するシステムをとり，大規模な国家間戦争・対外戦争を想定していた。こうした軍事力の建設には，戸籍に基づく国家による個別人身支配の実現が不可欠だった。　　　　　　　　　　（210字）

論述問題研究 ❸ (p.41) 〔解答例〕

白村江での大敗以後の7世紀後半，唐・新羅の侵攻の可能性が危惧される中で組織された軍団制は，対外情勢の緊張を前提に全国から兵力を動員して大規模な国家間戦争に備える徴兵制軍隊だった。一方，8世紀末以降，唐・新羅の混乱・衰退により対外的緊迫が弛緩すると，治安維持を担う国衙の守備兵として健児制が設けられた。　　　　　　　　　　　　　　　　　　　　　　　　　　　　　　（150字）

論述問題研究 ❹ (p.58) 解答例

奈良時代には中下級貴族と同様に上級貴族も国司に任じられ現地に赴任し給与を支給されたが，摂関期になると政府は中下級貴族を受領に任じて一定額の納税を請け負わせ，地方支配を委任するようになった。中下級貴族は官職の任免権をもつ上級貴族の家の経営や警護，物資の貢納などの奉仕を行い，また武力で地方の反乱鎮圧にも活躍し，その見返りとして富の蓄積に直結する受領に任じられた。　　(180字)

論述問題研究 ❺ (p.77) 解答例

A 惣領の親権を重視し，親の子息に対する悔返し権を認めていた。　(30字)

B 裁判は引付のもとで展開され，訴人・論人間で三問三答とよばれるやりとりや必要に応じて実施される口頭弁論を経て裁決された。　(60字)

C 鎌倉時代の所領裁判は，公正さを重んじたため解決までに長い時間を要し，それに伴う経済的負担も覚悟しなければならなかった。　(60字)

論述問題研究 ❻ (p.86) 解答例

A 識字・計算や貨幣・金融に関する基礎知識を前提に，荘園内外の人々と意思疎通を図って必要な交渉を進める，市場動向などの情報を収集してそれに敏感に応じる，肝心な記録を残して会計の実務作業をこなすなど，所領の管理・経営に不可欠な能力が求められた。　(120字)

B 多くの教理を学び，また修行を重ねる自力の苦行ではなく，念仏を選択・専修すれば救済されるという他力・易行の教えを説いた。　(60字)

論述問題研究 ❼ (p.107) 解答例

室町時代には，在京した守護や家臣たちは，連歌や茶の湯を通じて五山僧・公家と文化的に交流して京都文化の庇護者に成長し，自らの文化的水準も高めた。応仁の乱後，地方支配に専念し始めた武士たちは，荒廃した京都を離れた公家・禅僧・連歌師を招くとともに京都を模した「小京都」を建設して，地方文化の発展に貢献した。　(150字)

論述問題研究 ❽ (p.113) 解答例

A 室町期の守護は，刈田狼藉の検断・使節遵行・半済・守護請を通じて国人の家臣化・国衙機能の吸収を進め，守護領国を形成した。　(60字)

B現地の土地・農民を一円支配する領主に成長して地域的一揆を形成した国人は，私的集団的実力行使により守護の支配にしばしば抵抗した。戦国大名は，指出検地・貫高制採用による主従関係の強化，城下町集住策による家臣の在地性否定，私戦を禁じた喧嘩両成敗法の徹底，分国法制定などにより，領国全体の一円支配を試みた。　　　　　　　　　　　　　　　　　　　　　　　　　　　（150字）

論述問題研究❾ (p.132)　解答例

A地侍は，惣村単位の強訴・逃散を指導し，より大きな連合である土一揆を形成して徳政一揆などを展開した。また，山城国一揆のように国人らと連携して独自に地域の秩序維持を図る行動もみせた。　　　　　　　　　　　　　　　（90字）

B武士の城下町集住策は，まず，武士の在地性否定とその官僚化による領国一円支配の実現を目的とした。同時に，戦争の大規模化・長期化に耐えうる強力な常備軍の建設に不可欠であり，計画的な都市建設が進行すれば領国経済の活性化にも直結すると期待された。　　　　　　　　　　　　　　　　　　　　　　　（120字）

C城下町には武家地・寺社地・町人地などの区分があり，商工業者は町方と呼ばれる町人地に町という小社会を形成して居住した。また，町人は年貢負担を免れる一方で農村同様に自治を認められた。　　　　　　　　　　　　　　　（90字）

D近世の村には，中世惣村以来の伝統を背景に高度な自治能力を有するという側面と，文書行政を原則として検地・村請制を徹底した幕藩体制を支える末端的行政組織という側面とが存在した。この二側面は，後者を機能させるには前者が不可欠という関係にあった。　　　　　　　　　　　　　　　　　　　　　　　（120字）

論述問題研究❿ (p.157)　解答例

A佐渡・但馬生野など他の鉱山での経営経験や貿易決済手段でもある銀の輸送・換金に必要な商業知識，灰吹法を導入した石見銀山の精錬技術などをもつ人々が日本海航路を用いて秋田藩に移住した。　　　　　　　　　　　　　　　（90字）

B領内市場で年貢米を高値で直接換金することで，財政運営に不可欠な貨幣の入手と上方への廻米にかかる費用の節約を可能にした。　　　　　　　　　（60字）

【別解】

B領内市場で専売的に年貢米を売却して財政上不可欠な貨幣を直接入手することで，

藩は増収効果と支出抑制効果を同時に享受した。　　　　　　　　　　　（60字）

論述問題研究⓫ (p.175) 〔解答例〕

近世農村では，前期に小農経営が確立して耕作が安定し，農書を受容する素地が生まれ，さらに，農具や肥料・商品作物の新知識を学び，あるいは飢饉に対処するなど農書が一層必要とされる事態が進展した。また，農書普及を可能にするほど商品流通が深化したことや識字率が向上して農書で学ぶ上層農民が登場したこともわかる。　　　　　　　　　　　　　　　　　　　　　　　　　　　　　（150字）

論述問題研究⓬ (p.183) 〔解答例〕

文書行政を原則とする近世社会では有力農民の識字能力は不可欠であり，しかも後期には商品作物栽培の進展などにより文化を享受できる富裕層も増大した。一方，中下層町人を担い手とする都市文化である化政文化は受容が容易だったことに加え，全国的流通網の深化がヒト・モノの移動を促したため，文化の地方波及が進展した。

（150字）

図版所蔵・提供者一覧(五十音順，敬称略)

明日香村教育委員会，飛鳥園，阿南辰秀，岩宿博物館，梅原章一，MOA美術館，円覚寺，観心寺，教王護国寺，京都国立博物館，桐生市教育委員会，宮内庁京都事務所，宮内庁三の丸尚蔵館，宮内庁正倉院事務所，公益財団法人鍋島報效会，興福寺，國學院大學研究会開発推進機構，国立国会図書館，国立歴史民俗博物館，佐賀県教育委員会，信貴山朝護孫子寺，市立函館博物館，神護寺，清浄光寺(遊行寺)，大徳寺大仙院，田中真知郎，種子島時邦，中尊寺，東京国立博物館，東京大学史料編纂所，唐招提寺，東大寺，東北歴史博物館，徳川美術館，奈良県立橿原考古学研究所，奈良国立博物館，奈良文化財研究所，南山大学人類学博物館，日本銀行貨幣博物館，八戸市埋蔵文化財センター，東大阪市立郷土博物館，東近江市教育委員会，姫路市，平等院，福岡市，福岡市博物館，福島県文化財センター白河館，法隆寺，妙喜庵，ユニフォト，米沢市上杉博物館，鹿苑寺

索引

あ

相対済し令	162
アイヌ	80
亜欧堂田善	182
青木昆陽	177
赤絵	132
赤松満祐	99
秋田杉	131
商場	142
悪党	88
悪人正機	83
上げ米	162
按司	79
足利学校	107
足利高氏(尊氏)	88
足利義昭	115
足利義教	99
足利義政	101
足利義満	91, 95
飛鳥浄御原令	22
飛鳥文化	18
『吾妻鏡』	85
安土城	115
安土・桃山時代	120
アニミズム	5
天草版	121
網漁	131
新井白石	145
荒事	160
安藤昌益	178
安和の変	47

い

家持町人	129
衣冠	49
生田万の乱	171
池田光政	147
池大雅	181
異国警固番役	78
胆沢城	38
石田梅岩	180
石田三成	123
伊勢神道	84
伊勢平氏	62
市	31
市座	111
一条兼良	106
一木造	43
一里塚	153
一揆	100
一国一城令	125
乙巳の変	20
一地一作人	118
一遍	83
伊藤仁斎	159
糸割符制度	134
稲村三伯	177
伊能忠敬	177
井原西鶴	160
今様	64
壱与	9

入浜塩田	151
色絵	161
磐井の乱	14
岩宿遺跡	3
院	61
院政	61, 70
院宣	61
院近臣	61
院庁下文	61
院分国	62

う

上杉謙信	109
上田秋成	181
浮世絵	161, 181
浮世草子	160
氏	13
歌川広重	181
打ちこわし	165
駅家	31
厩戸王	17
上絵付法	161
運脚	27
運慶	86

え

栄西	83
叡尊	84
永仁の徳政令	80
江川太郎左衛門	174
蝦夷ヶ島	141
江戸	123, 155
蝦夷	32
撰銭	102
撰銭令	102
「延喜・天暦の治」	46
延喜の荘園整理令	52
延久の荘園整理令	60
円珍	43
縁日	182
円仁	43
延暦寺	43

お

応永の外寇	97
奥州藤原氏	64
応仁の乱	101
大王	12
大御所	123
大御所政治	169
大坂	154
大坂城	116
大坂の役	123
大塩の乱	170
大塩平八郎	170
大田文	68
大原幽学	169
大輪田泊	63
尾形乾山	161
緒方洪庵	177
尾形光琳	161
荻生徂徠	159
荻原重秀	145
阿国歌舞伎	121
織田信長	115

御伽草子	105
踊念仏	83
御文	102
オランダ風説書	136
卸売市場	153
「尾張国郡司百姓等解」	53
蔭位の制	25

か

海禁政策	114
快慶	86
会合衆	111
改新の詔	20
外戚	45, 64
海賊取締令	119
『解体新書』	177
開帳	182
貝塚	5
貝塚文化	6
懐徳堂	179
海舶互市新例	146
開発領主	53
貝原益軒	160
『懐風藻』	35
海保青陵	178
加賀の一向一揆	102
嘉吉の徳政一揆	100
部曲	13
掛屋	155
勘解由使	39
囲米	167
借上	81
加持祈禱	42
化政文化	176
片かな	49
方違	49
刀狩	118
刀狩令	118
荷田春満	176
月行事	112
活字印刷術	121
葛飾北斎	181
桂離宮	132
金沢文庫	85
かな文字	49
狩野永徳	120
狩野山楽	120
狩野探幽	132
狩野派	106
姓	13
株仲間	165
株仲間の解散	172
鎌倉	66
鎌倉公方	99
鎌倉時代	66
鎌倉幕府	66
鎌倉府	99
甕棺墓	7
賀茂真淵	176
加耶諸国	14
刈敷	81
枯山水	106
為替	81
河村瑞賢	143
観阿弥	105

冠位十二階	17
閑院宮家	146
寛永通宝	152
寛永令	126
環濠集落	7
勘合貿易	95
漢字	12
乾漆像	37
官省符荘	54
『漢書』地理志	8
鑑真	37
完新世	3
寛政異学の禁	167
寛政の改革	167
神田	153
貫高	110
貫高制	110
乾田	7
官田	40
関東管領	99
関東取締出役	170
観応の擾乱	90
関白	45, 116
桓武天皇	38
桓武平氏	56
管領	91

き

生糸	134
棄捐令	168, 172
「魏志」倭人伝	9
寄進地系荘園	53
偽籍	40
木曽檜	131
喜多川歌麿	181
北畠親房	90
北前船	155
北村季吟	160
義太夫節	160
契丹	46
吉備真備	29
黄表紙	181
義民	164
格	40
九州説	8
旧石器時代	3
牛馬耕	81
己酉約条	138
旧里帰農令	167
狂歌	181
教学	158
行基	36
狂言	105
行商人	81
京染	154
京都	155
京都所司代	127
享保の改革	162
享保の飢饉	165
京枡	117
京焼	155
曲亭馬琴	181
キリシタン大名	115
キリシタン版	121
記録所	89

記録荘園券契所	60	玄昉	29	後鳥羽上皇	70	治承・寿永の乱	66
金	63	憲法十七条	17	五人組	130	氏姓制度	12
銀	114	建武式目	89	小林一茶	181	支石墓	7
金印	8	建武の新政	89	小物成	130	下地中分	76
金閣	104	元禄時代	144	御霊会	51	寺檀制度	129
銀閣	105	元禄文化	158	御料所	92	七道	25
近畿説	8			伊治呰麻呂	38	七分積金	167
禁教令	136	**こ**		権現造	131	執権	70
金座	151	小石川養生所	162	金剛峰寺	43	十刹	105
銀座	151	孝	144	『今昔物語集』	64	湿田	6
金属器	6	郷	60	健児	39	十返舎一九	181
禁中並公家諸法度	127	弘安の役	79	墾田永年私財法	34	地頭	63, 67
均田制	175	公案問答	83			地頭請(所)	76
金肥	150	高句麗	11	**さ**		寺内町	111
		郷校	179	座	81	地主	162
く		庚午年籍	21	採取	3	地主手作	162
空海	42	豪商	131	細石器	3	芝居小屋	160, 182
郡家	25	考証学派	178	最澄	42	司馬江漢	181
空也	50	庚申講	182	割符	102	渋川春海	160
公営田	40	更新世	2	堺	111	シーボルト	177
盟神探湯	15	強訴	62	酒井田柿右衛門	132	島津斉彬	174
『愚管抄』	85	好太王碑	11	坂上田村麻呂	38	島原の乱	128
公卿	25	弘仁・貞観文化	42	酒屋	102	持明院統	88
公事	61	光仁天皇	33	酒屋役	92	下肥	102
公事方御定書	162	豪農	162	防人	27	霜月騒動	79
百済	11	光明子	32	鎖国	136	謝恩使	138
屈葬	5	高麗	46	雑喉場	153	シャクシャインの戦い	142
工藤平助	166	小売商人	131	雑訴決断所	89	借家	130
クニ	8	公領	60	薩長土肥	174	車借	102
国一揆	101	御恩	68	佐藤信淵	178	洒落本	181
国絵図	117	五街道	153	侍	56	朱印船	134
国造	13	古学派	178	侍所	67	宗門改め	128
国役	130	『後漢書』東夷伝	8	猿楽	64	宿駅	153
口分田	26	『古今和歌集』	49	三貨	151	宿場町	153
熊沢蕃山	158	国	25	三角縁神獣鏡	15	修験道	43
組頭	129	国学	35, 176	三管領	92	守護	66, 67
蔵入地	116	国衙領	61	三卿	163	守護請	90
蔵元	155	国人	91	参勤交代	126	守護代	92
蔵物	155	国人一揆	91	三家	126	守護大名	91
蔵屋敷	155	石高	117, 125	三斎市	81	朱子学	131
蔵人頭	40	国府	25	三世一身法	33	出版統制令	167
郡	25, 60	国風文化	49	三跡	49	聚楽第	116
群集墳	15	国分寺建立の詔	33	三代格式	40	狩猟	3
郡代	124	国免荘	54	三都	153	殉死の禁止	143
軍団	27	黒曜石	5	山東京伝	181	巡礼	182
軍役	125	御家人	68, 124	三内丸山遺跡	5	書院造	105, 120
		御家人制	68	三筆	42	荘園公領制	60
け		五山	105	三奉行	124	城郭建築	120
慶安の変	143	後三条天皇	60	三毛作	102	城下町	110, 130
慶賀使	138	後三年合戦	57			荘官	54
経世論	159	五山文学	105	**し**		貞享暦	160
契沖	160	『古事記』	35	寺院法度	128	将軍	68
計帳	26	五色の賤	26	紫衣事件	127	貞慶	84
慶長遣欧使節	135	越荷方	174	地方知行制	127	成功	52
慶長の役	119	コシャマイン	142	地借	130	正倉院	37
下剋上	101	戸主	129	只管打坐	84	城代	124
検非違使	40	呉春	181	式	40	定朝	50
喧嘩両成敗法	110	後白河天皇	62	磁器	132	正長の徳政一揆	100
『源氏物語』	49	子代	13	式亭三馬	181	上知令	172
源信	50	御成敗式目	72	地下請	100	浄土教	50
遣隋使	17	戸籍	26	鹿ケ谷の陰謀	64	正徳小判	146
検地	110, 117	小袖	121	四職	92	正徳の政治	146
検地帳	110, 117	後醍醐天皇	88	寺社参詣	182	浄土宗	83
遣唐使	29	骨角器	4	寺社地	130	浄土真宗	83
元服	49	滑稽本	181	時宗	83	上人	64

項目	頁
尚巴志	97
商品作物	151
蕉風(正風)俳諧	160
正風連歌	106
障壁画	120
条坊制	31
聖武天皇	32
定免法	162
縄文土器	4
縄文文化	3
秤量貨幣	152
生類憐みの令	144
青蓮院流	86
初期荘園	34
職人	129
諸社禰宜神主法度	129
諸宗寺院法度	129
白河天皇	61
新羅	11
清	141, 147
新恩給与	68
心学	180
神祇官	25
神宮寺	43
『新古今和歌集』	84
真言宗	42
壬申の乱	22
新田開発	129, 162, 166
伸展葬	7
寝殿造	49
『神皇正統記』	104
親藩	125
神仏習合	36
新補地頭	71
親鸞	83

す
項目	頁
垂加神道	158
出挙	27
推古天皇	17
水稲農耕	6
水墨画	105
須恵器	15
菅原道真	45
杉田玄白	177
数寄屋造	132
調所広郷	174
鈴木春信	181
角倉了以	153
住吉具慶	161
住吉如慶	161
受領	52

せ
項目	頁
世阿弥	105
征夷大将軍	66
性学	169
清和源氏	56
関ヶ原の戦い	123
関孝和	160
石棒	5
摂関家	47
摂関政治	47
雪舟	106
摂政	45

項目	頁
折衷学派	178
折衷様	86
瀬戸焼	86
銭座	151
前九年合戦	57
千石簁	149
禅宗様	86
尖頭器	3
千利休	121
千歯扱	149
前方後円墳	11, 15
賤民	26
川柳	181

そ
項目	頁
租	27
宋	46
惣(惣村)	100
惣掟(村法)	100
宋学	85
宗氏	96, 138
『宋書』倭国伝	12
宋銭	81
曹洞宗	83
惣百姓	100
惣百姓一揆	164
僧兵	62
草木灰	81
雑徭	27
惣領(家督)	68
惣領制	68
蘇我馬子	17
続縄文文化	6
束帯	49
塑像	37
村法	129

た
項目	頁
大学	35
大覚寺統	88
大学別曹	42
大化改新	20
代官	124
大義名分論	85
大航海時代	114
太閤検地	117
醍醐天皇	46
太政官	25
帯刀	129
代表越訴型一揆	164
大仏造立の詔	33
大仏様	85
『太平記』	104
大砲製造所	175
大宝律令	24
大犯三カ条	67
題目	83
平清盛	63
平忠常の乱	57
平将門	57
多賀城	32
高機	156
高床倉庫	6
滝口の武者(武士)	56
武田信玄	109

項目	頁
竹本義太夫	160
太宰春台	159
大宰府	25
足高の制	163
打製石器	3
たたら製鉄	131
橘諸兄	32
竪穴式石室	15
竪穴住居	5
田堵	52
田荘	13
店借	130
田沼意次	165
田沼時代	165
種子島	114
濃絵	120
為永春水	181
樽廻船	155
段銭	92
単独相続	90

ち
項目	頁
地縁的結合	90
近松門左衛門	160
知行国	62
蓄銭叙位令	31
茶寄合	104
忠	144
中央集権国家建設	17
中尊寺金色堂	64
調	27
町	111, 130
長安	30
重源	85
朝貢貿易	95
町衆	111, 121
朝鮮	96
朝鮮侵略	118
重任	53
町人	130
町人地	130
町法(町掟)	111, 130
勅旨田	41
鎮護国家	36
鎮西探題	79
頂相	86

つ
項目	頁
通信使	138
月番交代	124
継飛脚	153
土一揆	100
妻問婚	33
『徒然草』	84
兵	56

て
項目	頁
定期市	81
適々斎塾	177
出島	136
寺請制度	128
寺子屋	179
田楽	64
天慶の乱	56
天智天皇	21

項目	頁
天正遣欧使節	115
天台宗	42
田畑永代売買の禁止令	130
天平文化	35
天文法華の乱	112
天保の改革	171
天保の飢饉	170
天満	153
伝馬役	153
天武天皇	22
天明の打ちこわし	168
天明の飢饉	167

と
項目	頁
問	81
問屋	102, 131
問屋制家内工業	173
問屋場	153
唐	20
銅戈	6
道鏡	33
銅剣	6
道元	84
堂島	153
東洲斎写楽	181
唐人屋敷	141
銅鐸	6
闘茶	104
道中奉行	153
銅版画	182
逃亡	33
銅矛	6
唐箕	149
棟梁	56
土偶	5
徳川家綱	143
徳川家光	123
徳川家康	123
徳川綱吉	144
徳川斉昭	174
徳川秀忠	123
徳川光圀	147
徳川吉宗	162
『読史余論』	160
得宗	74, 79
得宗専制政治	79
十組問屋	155
土佐派	106
外様	125
土佐光起	160
年寄	124
土倉	102
土倉役	92
富突	182
富永仲基	179
伴造	13
豊臣	116
豊臣(羽柴)秀吉	116
豊臣秀頼	123
渡来人	6

な
項目	頁
ナイフ型石器	3
中江藤樹	158
長岡京	38

仲買	131	土師器	15	藤原仲麻呂	33	掘立柱住居	33
長崎	136	箸墓古墳	11	藤原不比等	32	本阿弥光悦	132
流漉	131	馬借	102	藤原道長	47	本家	54
長篠合戦	115	場所	142	藤原通憲	63	本地垂迹説	50
仲間掟	131	場所請負制度	142	藤原基経	45	本陣	153
長屋王	32	長谷川等伯	120	藤原良房	45	本草学	160
名代	13	旗本	124	藤原頼通	47	本多利明	178
名主	129, 130	八角墳	15	譜代	125	本途物成	130
鍋島直正	174	抜歯	5	札差	168	本能寺の変	115
納屋物	155	八省	25	仏教	14	本百姓	129
奈良時代	31	バテレン追放令	119	服忌令	145	本末制度	128
鳴滝塾	177	埴輪	15	復古神道	176	本領安堵	68
南宋	63	林羅山	131	『風土記』	35	本両替	152
南朝	89	隼人	32	太占の法	15		
南都六宗	36	『ハルマ和解』	177	フビライ＝ハン	78	**ま**	
南蛮屏風	121	藩	125	富本銭	22	前田綱紀	147
南蛮貿易	114	藩営工業	174	踏車	149	前野良沢	177
南北朝の合体	91	藩校	179	負名	52	蒔絵	49
南北朝の動乱	90	藩札	153	夫役	61	『枕草子』	49
南鐐二朱銀	166	反射炉	174	不輸・不入	54	磨製石器	3
		蛮書和解御用	177	フランシスコ＝ザビエル		町火消	163
に		半済令	91		114	町奉行	124
錦絵	181	藩専売制	167	振売	131	松尾芭蕉	160
西陣	156	班田収授法	26	浮浪	33	末期養子の禁止の緩和	143
西陣織	156			文永の役	78	松平定信	167
西廻り海運	155	**ひ**		分割相続	68	末法思想	50
二十四組問屋	155	菱垣廻船	155	分国法	110	松前氏	141
似絵	86	東廻り海運	155	分地制限令	130	マニュファクチュア	173
日明貿易	95	引付	74	文禄の役	119	円山応挙	181
日蓮	83	引付衆	74			曼荼羅	44
日蓮宗	83	菱川師宣	161	**へ**		政所	67
日親	112	聖	64	平安京	38	『万葉集』	35
日宋貿易	63	ひすい	5	平安時代	38		
日朝貿易	96	備中鍬	149	平曲	85	**み**	
二宮尊徳	169	人返しの法	172	『平家物語』	85	水野忠邦	171
『日本書紀』	35	人掃令	117	平治の乱	62	水呑	130
日本橋	153	卑弥呼	9	平城京	30	見世棚	81, 102
日本町	134	百姓	129			密教	42
二毛作	81	百姓一揆	164	**ほ**		密教芸術	43
女房装束	49	百姓代	129	保	60	『御堂関白記』	50
人形浄瑠璃	121	氷河時代	2	法皇	61	水戸学	178
忍性	84	評定衆	72	方形周溝墓	7	源実朝	70
人情本	181	評定衆（院評定衆）	74	封建制度	68	源頼家	70
寧波の乱	95	評定所	124	保元の乱	62	源頼朝	66
		平等院鳳凰堂	50	奉公	68	屯倉	13
ね		平泉	64	奉公衆	91	宮崎安貞	160
年行司	111	平賀源内	177	北条氏	70	宮崎友禅	161
年貢	61	平がな	49	法成寺	50	名	52
年中行事	49	平田篤胤	176	北条早雲	109	明恵	84
粘土槨	15	平戸	135, 136	北条時政	70	苗字	129
念仏	83	琵琶法師	85	北条時宗	78	名主	61
				北条時頼	74	明	95, 114
の		**ふ**		北条義時	70	明銭	102
能楽	104	副葬品	15	奉書船	136		
『農業全書』	151	福原京	66	報徳仕法	169	**む**	
能面	106	武家	56	法然	83	夢窓疎石	105
野中兼山	158	武家諸法度	126	宝暦事件	178	棟別銭	92
野々村仁清	161	武家地	130	俸禄制度	127	村請制	129
野呂玄丈	177	武家伝奏	127	北朝	89	村方三役	129
		武士	56	北面の武士	62	村方騒動	164
は		武士団	56, 64	保科正之	143	村切	129
博多	111	藤原京	22	細川勝元	101	村芝居	182
白村江の戦い	21	藤原氏	45	渤海	29	村田清風	174
幕藩体制	123	藤原純友	57	北嶺	45	室町幕府	89
「バサラ」	104	藤原惺窩	131	法華一揆	112		

め

明暦の大火	143
明和事件	178
目安箱	162

も

蒙古襲来(元寇)	79
毛利元就	109
最上徳内	166
目代	53
本居宣長	176
物忌	49
物部守屋	17
木綿	97
桃山文化	120
文章経国	42
問注所	67

や

館	75
八色の姓	22
安井算哲	160
ヤツコ(奴婢)	13
柳沢吉保	144
山鹿素行	159
山片蟠桃	179
山崎闇斎	158
山城の国一揆	102
邪馬台国	9
大和絵	49
ヤマト政権	11
山名持豊	101
弥生時代	6
弥生土器	7
弥生文化	6

ゆ

結	130
友禅染	161
有職故実	85
雄藩	174
湯島聖堂	144

よ

庸	27
遙任	53
陽明学	158
養老律令	24
横穴式石室	15
吉田松陰	179
寄席	182
寄木造	50
寄場組合	170
読本	181
寄合	100
寄親・寄子制	110

ら

来迎図	50
楽市	111
楽市令	115
楽浪郡	8
螺鈿	49
欄間彫刻	120

り

里	25
李舜臣	119
李成桂	96
琉球王国	97
両替商	151
領家	54
領国	109
『梁塵秘抄』	64
両統迭立	88
良民	26
林下	107
林家	131
臨済宗	83
綸旨	89
琳派	161

れ

礼儀	144
霊廟建築	131
連歌師	106
連署	72
蓮如	102

ろ

老中	124
六斎市	102
六勝寺	61
六波羅探題	71

わ

倭館	138
脇街道	153
脇本陣	153
倭寇	94
和事	160
和算	160
度会家行	84
和同開珎	31
倭の五王	12
侘茶	106
和様	49

| 表紙デザイン | 水戸部　功＋菊地　信義 |
| 本文デザイン | 岩崎　美紀 |

中学から使える　詳説日本史ガイドブック（上）
（ちゅうがく）（つか）　（しょうせつ　にほんし）

2016年 8月25日　第1版第1刷印刷
2016年 8月30日　第1版第1刷発行

著　者	野島　博之
	（のじま）（ひろゆき）
発行者	野澤　伸平
印刷所	明和印刷株式会社
製本所	有限会社　穴口製本所
発行所	株式会社　山川出版社

〒101-0047　東京都千代田区内神田1-13-13
　　　　　電話　03-3293-8131（営業）　03-3293-8135（編集）
　　　　　http://www.yamakawa.co.jp/
　　　　　振替口座　00120-9-43993

© 2016 Printed in Japan　ISBN978-4-634-02017-7

●造本には十分注意しておりますが，万一，落丁・乱丁などございましたら，小社営業部宛にお送りください。送料小社負担にてお取り替えいたします。
●定価はカバーに表示してあります。